VRHUNSKA KUHINJA BILJOJED KREKERA

Otkrijte 100 inovativnih grickalica i deserata s Biljojed krekerima

Zabranitizabranitia Marić

Materijal autorskih prava ©2023

Sva prava pridržana

Nijedan dio ove knjige ne smije se koristiti ili prenositi u bilo kojem obliku ili na bilo koji način bez odgovarajućeg pisanog pristanka izdavača i vlasnika autorskih prava, osim kratkih citata korištenih u recenziji. Ovu knjigu ne treba smatrati zamjenom za medicinske, pravne ili druge stručne savjete.

SADRŽAJ

UVOD 7
OSNOVNI RECEPT 8
   1. Biljojed kora 9
BILJOJED PARFE KREKER 11
   2. Mango Kolač od sira parfe 12
   3. Banana krem parfe 14
   4. Parfe od jastoga i manga 16
   5. Banana mango puding 18
BILJOJED TARTS KREKER 20
   6. Karamel kolač od oraha 21
   7. Brûlée kolač od limuna 23
   8. Dalgona kolač 25
   9. Ube kolač od kreme 27
BILJOJED KREKER UGRIZE 30
   10. Ferrero Rocher zalogaji kolača od sira 31
   11. Boston Krema Macarons 33
   12. Godiva sladoledni sendvič 37
   13. S'mores kroasani 39
   14. S'mores Pretzel Ugrize 41
   15. Ferrero Rocher kuglice s maslacem od kikirikija 43
   16. Zalogaji torte od sira od malina 45
   17. Hrskavi tartufi od lješnjaka 48
   18. Margarita Tartufi 50
BILJOJED KREKER OD SIRA 52
   19. Saćasti kolač od sira 53
   20. Čokoladni kolač od sira s Ogledalo glazurom 55
   21. Kolač od sira od borovnice i lavande 58
   22. Toblerone Kolač od sira od pistacija 61
   23. Choc Chip Cannoli torta od sira 63
   24. Smrznuta torta od sira od smokava 65
   25. Mini torta od sira s glaziranom Nutellom 67
   26. Kolač od sira Dalgona 70
   27. Kolač od sira od brusnice i naranče 72
   28. Kolač od sira od jastoga 74
   29. Malina i limun kolač od sira 76

30. Semifreddo torta od sira od limete ... 78
31. Kolač od sira od jagoda ... 81
32. RumChata Kolač od sira ... 83
33. Ube torta od sira s korom od kolačića od kokosa ... 85

ŠETKE I KVADRATNICI ... 88
34. Kolačići od jogurta i jagoda ... 89
35. Borovnica lavanda hrskavica od brusnice ... 91
36. Cappuccino Nanaimo zabranitiovi ... 93
37. Snickers Smrznuti Kolač od sira pločice ... 96
38. Limoncello kvadrati s lavandom ... 98
39. Kutija za ručak Čokoladne pločice ... 100
40. Kutija za ručak S'mores zabranitiovi ... 102
41. Mimosa Kolač od sira pločice ... 104
42. Mac and Sir Kolač od sira pločice ... 106
43. Piña Colada Kolač od sira pločice ... 108
44. Tiramisu proteinske pločice ... 110
45. Leptir Grašak Kolač od sira Trgovi ... 113
46. Trag Kolačići ... 115
47. S'mores zabranitiovi ... 117
48. Kampiranje Trag Kolačići ... 119
49. Yuzu zabranitiovi za pitu ... 121
50. Nutella Smores ... 123

DESERI BEZ PEČENJA ... 125
51. Kolač s kremom bez pečenja ... 126
52. Kolač od manga i kokosa bez pečenja ... 128
53. Kolač od limunade od jagoda bez pečenja ... 130
54. Pločice s malinom i limunom bez pečenja ... 132
55. Voćni kolač bez pečenja ... 134
56. Kolač od sedam slojeva bez pečenja ... 136
57. Pita od borovnica bez pečenja ... 138
58. Pita od breskvi bez pečenja ... 140
59. Pita od bundeve bez pečenja ... 142
60. Kremasta pita od jogurta bez pečenja ... 144
61. Sladoledna pita bez pečenja ... 146
62. Kolač od sira od šifona i ananasa bez pečenja ... 148
63. Philly ljetni kolač od sira bez pečenja ... 150
64. Šifon kolač od marelice bez pečenja ... 152
65. Torta od svježeg voća bez pečenja ... 154
66. Tartleti s jagodama bez pečenja ... 156

67. Kolač od limuna bez pečenja ... 158
68. Karamel kolač od oraha bez pečenja ... 160
69. Kiwi Mrviti se bez pečenja ... 162
BILJOJED PITE OD KREKERA ... 164
70. Staklenke za kremePita ... 165
71. Snickers Zabraniti pita ... 167
72. Monster Snickers pita ... 169
73. Pita od borovnice ... 171
74. Nutella Snickers pita ... 173
75. Snickers sladoledna pita ... 175
76. Mango-kokos pita s mango coulisom ... 177
77. Crveni baršun Kutija za led Oreo pita ... 180
78. Sladoledna pita od maslaca od kikirikija i kreme ... 182
79. g. Hrana tiramisu pita ... 184
80. Zabraniti pita ... 186
NADJEV ZA BILJOJED KREKER ... 189
81. Punjene breskve ... 190
82. Punjene jagode ... 192
83. Nutellom punjene jagode ... 194
BILJOJED KREKER LAZANJE ... 196
84. Lazanje od kolača od jagoda ... 197
85. Lazanje od sira od malina i bijele čokolade ... 199
86. Lazanje od sira i karamele od jabuka ... 201
87. Banana Split Lazanje ... 203
88. S'mores lazanje ... 205
89. Lazanje od miješanog bobičastog voća i limuna ... 207
90. Breskva Mango Kokos Lazanje ... 209
91. Lazanje s jabukom i cimetom ... 211
92. Lazanje od tropskog voća ... 213
93. Krema od jabuka Lazanje ... 215
BILJOJED KREKER MJEŠAVINA ZA GRICKALICE ... 217
94. Mješavina za grickalice za ljetni piknik ... 218
95. S'mores Zabava Miješati ... 220
96. Vrckasti crv Trag Miješati ... 222
LOKIĆI ... 224
97. Crveni, bijeli i plavi sladoled ... 225
98. Kolač od sira od jagoda ... 228
GLAZURA ... 230
99. Biljojed glazura ... 231

100. Biljojed ganache 233
ZAKLJUČAK **235**

UVOD

Dobro došli u " Vrhunska Kuhinja Biljojed Krekera: Otkrijte 100 inovativnih grickalica i deserata s Biljojed Krekera." U svijetu kulinarske svestranosti malo se sastojaka može mjeriti sa skromnim biljojed krekerom. Sa svojom jedinstvenom kombinacijom slatkoće i hrskavosti, biljojed krekeri nisu samo grickalica, već kreativno platno za izradu širokog spektra slatkih poslastica.

Ova kuharica vaša je putovnica za istraživanje beskrajnih kulinarskih mogućnosti koje nude biljojed krekeri. Od klasičnih s'moresa do neočekivanih zaokreta omiljenih favorita, mi ćemo krenuti na putovanje slatkih i slanih užitaka koji će unaprijediti vašu kulinarsku igru.

Dok kopate po stranicama ove kuharice, otkrit ćete 100 inovativnih recepata koji prikazuju čaroliju biljojed krekera kao glavnog sastojka. Bez obzira jeste li iskusni kuhar ili kuhar kod kuće koji želi proširiti svoj repertoar, ova je knjiga osmišljena da vas inspirira, educira i zabavi dok slavimo svestranost ove osnovne namirnice za smočnicu. Dakle, pripremimo se za mrvljenje, miješanje i pečenje na putu do veličine biljojed krekera.

OSNOVNI RECEPT

1.Biljojed kora

SASTOJCI:
- 190 g mrvica biljojed krekera 1½ šalice]
- 20 g mlijeka u prahu [¼ šalice]
- 25 g šećera [2 žlice]
- 3 g košer soli [¾ žličice]
- 55 g maslaca, otopljenog
- 55 g vrhnja [¼ šalice]

UPUTE:
a) Rukama pomiješajte biljojed mrvice, mlijeko u prahu, šećer i sol u srednju zdjelu kako biste ravnomjerno rasporedili suhe sastojke.
b) Pjenasto izmiješajte maslac i vrhnje. Dodajte suhim sastojcima i ponovno promiješajte da se ravnomjerno rasporedi. Maslac će djelovati kao ljepilo, prianjajući na suhe sastojke i pretvarajući smjesu u hrpu malih grozdova. Smjesa bi trebala zadržati oblik ako se čvrsto stisne na dlanu. Ako nije dovoljno vlažno za to, otopite dodatnih 14 do 25 g (1 do 1½ žlica) maslaca i umiješajte ga.

BILJOJED PARFE KREKER

2.Mango Kolač od sira parfe

SASTOJCI:
- 2 zrela manga, oguljena i narezana na kockice
- 1 šalica mrvica biljojed krekera
- 1 šalica krem sira, omekšalog
- ½ šalice šećera u prahu
- 1 žličica ekstrakta vanilije
- 1 šalica šlaga

UPUTE:
a) U zdjeli pomiješajte krem sir, šećer u prahu i ekstrakt vanilije dok smjesa ne postane glatka i dobro sjedinjena.
b) U čašama ili staklenkama za posluživanje počnite tako da na dno stavite slojeve mrvica biljojed krekera.
c) Dodajte sloj smjese krem sira na vrh mrvica.
d) Na vrh stavite sloj manga narezanog na kockice.
e) Ponavljajte slojeve dok ne dođete do vrha, a završite slojem šlaga.
f) Ukrasite mrvicama biljojed krekera ili kockicama manga.
g) Ostavite u hladnjaku najmanje 2 sata prije posluživanja da se okusi stisnu.
h) Poslužite ohlađeno i uživajte!

3.Banana krem parfe

SASTOJCI:
- Pakiranje od 3 ½ unce smjese za instant puding od banane
- 2 šalice hladnog mlijeka
- ½ šalice mrvica Biljojed krekera
- 2 banane, narezane na ploške
- Šlag
- 4 višnje maraskina

UPUTE:
a) Pripremite puding prema uputama na pakiranju, koristeći 2 šalice hladnog mlijeka.
b) Pospite 1 žlicu mrvica biljojed krekera u svaku od četiri čaše za desert.
c) Prelijte mrvicama ¼ šalice pripremljenog pudinga i polovicom kriški banane.
d) Ponovite slojeve mrvica, pudinga i kriški banane.
e) Prelijte svaki desert komadom tučenog vrhnja i po želji ukrasite trešnjom.

4.Parfe od jastoga i manga

SASTOJCI:
- 2 repa jastoga, kuhana i narezana na kockice
- 2 zrela manga, oguljena i narezana na kockice
- 1 šalica grčkog jogurta
- 1 žlica meda
- ¼ šalice zdrobljenih biljojed krekera
- Listići svježe mente za ukrašavanje

UPUTE:
a) U maloj posudi pomiješajte grčki jogurt i med dok se dobro ne sjedine.
b) U čaše ili zdjelice za posluživanje poslažite mango narezan na kockice, meso jastoga narezano na kockice i smjesu meda i jogurta.
c) Ponavljajte slojeve dok se ne napune čaše.
d) Po vrhu svakog parfea pospite zdrobljene biljojed krekere.
e) Ukrasite listićima svježe mente.
f) Ostavite u hladnjaku najmanje 1 sat prije posluživanja kako bi se okusi stopili.
g) Poslužite ohlađeno i uživajte u osvježavajućoj kombinaciji jastoga i manga u ovom divnom parfeu.

5. Banana mango puding

SASTOJCI:
- 2 zrela manga, oguljena i narezana na kockice
- 2 zrele banane, narezane na ploške
- 1 ½ šalice mlijeka
- ½ šalice kondenziranog mlijeka
- ¼ šalice šećera (prilagodite prema želji slatkoće)
- ¼ šalice kukuruznog škroba
- ½ žličice ekstrakta vanilije
- Digestive keksi ili biljojed krekeri, mljeveni (za preljev)

UPUTE:
a) U blenderu ili procesoru hrane izradite jedan od manga u pire dok ne postane glatko. Staviti na stranu.
b) U loncu pomiješajte mlijeko, kondenzirano mlijeko i šećer. Zagrijte smjesu na srednjoj vatri dok ne počne ključati uz povremeno miješanje.
c) U maloj posudi otopite kukuruzni škrob u malo vode da dobijete kašu.
d) Polako ulijevajte kašu od kukuruznog škroba u mliječnu smjesu koja ključa, neprestano miješajući kako biste spriječili stvaranje grudica.
e) Nastavite kuhati i miješati dok se smjesa ne zgusne do gustoće poput pudinga.
f) Maknite lonac s vatre i umiješajte ekstrakt vanilije. Neka se smjesa malo ohladi.
g) U čašama ili zdjelicama za posluživanje, počnite tako što ćete na dno poslagati narezane banane.
h) Preko banana prelijte sloj pirea od manga.
i) Na vrh stavite sloj smjese mliječnog pudinga.
j) Ponavljajte slojeve dok ne dođete do vrha, završite slojem pirea od manga.
k) Ostavite u hladnjaku najmanje 2-3 sata ili dok se ne stegne.
l) Prije posluživanja ukrasite kockicama manga i mljevenim digestivnim keksima ili biljojed krekerima.
m) Poslužite ohlađeno i uživajte u pudingu od banane i manga!
n) Slobodno prilagodite slatkoću ili dodajte dodatne dodatke, kao što su šlag ili kokosove pahuljice, prema vašim željama.

BILJOJED TARTS KREKER

6.Karamel kolač od oraha

SASTOJCI:
- 2 šalice mrvica biljojed krekera
- ½ šalice otopljenog maslaca
- 1 šalica karamel umaka
- 8 unci krem sira, omekšalog
- ½ šalice šećera u prahu
- 1 žličica ekstrakta vanilije
- Sjeckani pecan orasi za preljev

UPUTE:

a) U zdjeli pomiješajte mrvice biljojed krekera i otopljeni maslac dok se dobro ne izmiješaju.
b) Utisnite smjesu od mrvica na dno posude za tart kako biste oblikovali koricu.
c) Premažite karamel umak preko kore u kalupu za tart.
d) U posebnoj zdjeli izmiksajte krem sir, šećer u prahu i ekstrakt vanilije dok smjesa ne postane glatka.
e) Rasporedite smjesu krem sira preko sloja karamele.
f) Na vrh stavite nasjeckane pekan orahe.
g) Ostavite u hladnjaku najmanje 2 sata da se stegne.

7.Brûlée kolač od limuna

SASTOJCI:

ZA KORE:
- 1 ½ šalice mrvica biljojed krekera
- 6 žlica neslanog maslaca, otopljenog
- ¼ šalice granuliranog šećera

ZA NADJEV:
- 4 žumanjka
- 1 limenka (14 unci) zaslađenog kondenziranog mlijeka
- ½ šalice svježeg soka od limuna
- 1 žlica ribane korice limuna

ZA PRELJEV:
- Šećer u prahu, za karameliziranje

UPUTE:

a) Zagrijte pećnicu na 350°F (175°C).
b) U zdjeli pomiješajte mrvice biljojed krekera, otopljeni maslac i šećer. Utisnite smjesu na dno i gornje strane kalupa za tart.
c) U posebnoj posudi izmiješajte žumanjke, zaslađeno kondenzirano mlijeko, limunov sok i limunovu koricu dok se dobro ne sjedine.
d) Fil od limuna sipati u pripremljenu koru.
e) Pecite oko 15-20 minuta, odnosno dok se nadjev ne stegne.
f) Izvadite iz pećnice i ostavite da se ohladi na sobnoj temperaturi. Zatim ostavite u hladnjaku najmanje 2 sata ili dok se ne ohladi.
g) Neposredno prije posluživanja tart pospite tankim slojem šećera u prahu. Kuhinjskim plamenikom karamelizirajte šećer dok ne postane hrskava korica.
h) Pustite nekoliko minuta da se šećer stvrdne, zatim narežite i poslužite.

8.Dalgona kolač

SASTOJCI:
ZA KORE:
- 2 šalice mrvica biljojed krekera
- ½ šalice otopljenog maslaca
- ¼ šalice granuliranog šećera

ZA NADJEV:
- 1 šalica gustog vrhnja
- ¼ šalice šećera u prahu
- 1 žličica ekstrakta vanilije
- ¼ šalice Dalgona mješavine kave

ZA PRELJEV:
- Šlag
- Kakao prah ili strugotine čokolade (po želji)

UPUTE:
a) Zagrijte pećnicu na 350°F (175°C).
b) U zdjeli pomiješajte mrvice biljojed krekera, otopljeni maslac i granulirani šećer za koru. Miješajte dok se mrvice dobro ne prekriju.
c) Pritisnite smjesu na dno i stranice kalupa za tart, pazeći da napravite ravnomjeran sloj.
d) Koru pecite u zagrijanoj pećnici oko 10 minuta, odnosno dok ne porumeni. Izvadite iz pećnice i ostavite da se potpuno ohladi.
e) U zdjeli za miješanje pomiješajte čvrsto vrhnje, šećer u prahu i ekstrakt vanilije za nadjev. Umutite smjesu dok ne dobije čvrste vrhove.
f) Nježno dodajte smjesu Dalgona kave dok se dobro ne sjedini.
g) U ohlađenu koru sipati fil i ravnomerno rasporediti.
h) Stavite tart u hladnjak i ostavite da se hladi najmanje 2 sata, odnosno dok se nadjev ne stegne.
i) Kada se ohladi, izvadite tart iz hladnjaka. Gornji dio ukrasite šlagom i po želji pospite kakaom u prahu ili strugotinama čokolade.
j) Narežite i poslužite Dalgona tart kao divan desert.

9. Ube kolač od kreme

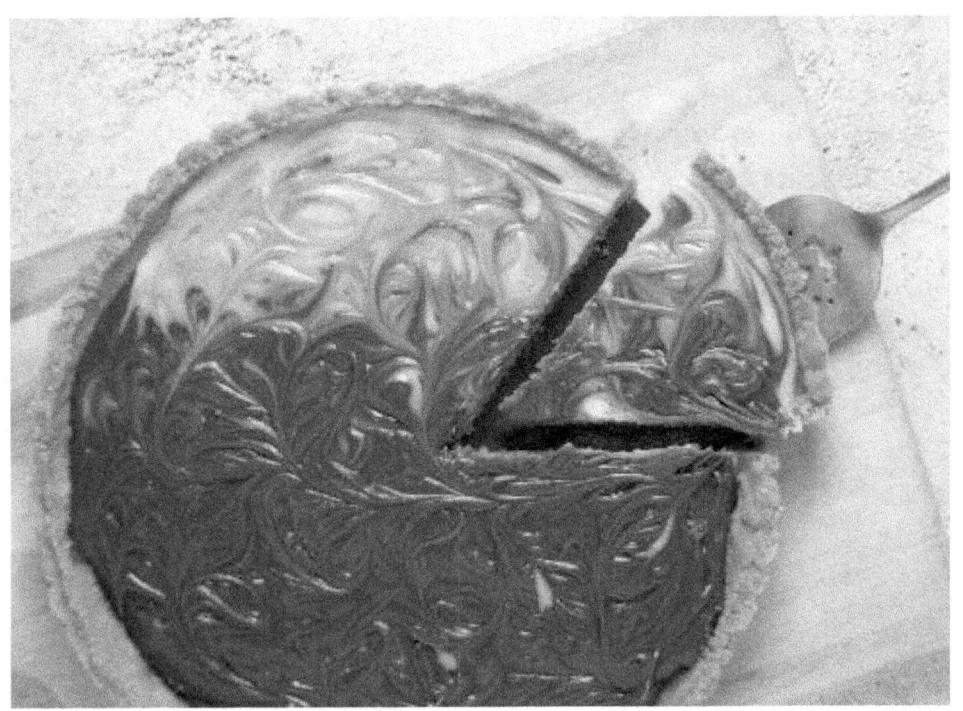

SASTOJCI:
ZA BILJOJED KORE
- 1 i 2/3 šalice Biljojed mrvica
- 2 žlice šećera
- 6 žlica otopljenog neslanog maslaca

ZA NADJEV UBE KREMŠE
- 1/8 šalice šećera
- 1/4 šalice kukuruznog škroba
- 1 šalica kiselog vrhnja
- 1 i 1/2 šalice kondenziranog mlijeka
- 3 žumanjka
- 2 žličice ube arome

UPUTE:
NAPRAVITE BILJOJED KORE
a) Zagrijte pećnicu na 350 F. U zdjeli za miješanje pomiješajte šećer i biljojed mrvice. Dobro promiješati. Ulijte otopljeni maslac i promiješajte smjesu da se rastopljeni maslac rasporedi. Smjesa će biti pomalo vlažna.
b) Premjestite smjesu na sredinu kalupa za tart od 11 inča s dnom koje se može ukloniti. Smjesu rasporedite po cijeloj površini tako da dno posude bude pokriveno. Koristeći podnožje okrugle čaše ili mjerne čaše, pritisnite biljojed smjesu o tavu, pomaknite se do stranica i čvrsto je pritisnite. Smjesu treba čvrsto stisnuti tako da se čvrsto priljube uz površinu i stranice kalupa za tart. Pecite koru na 350 F deset minuta, ili dok se kora ne stegne.

NAPRAVITE NADJEV
c) Pomiješajte šećer i kukuruzni škrob u srednje velikoj tavi. Dodajte kondenzirano mlijeko i kiselo vrhnje i sve miješajte dok smjesa ne postane glatka. Postavite tavu na srednju vatru. Kuhajte smjesu uz stalno miješanje dok ne postane gusta gotovo mazive konzistencije. Isključite vatru.
d) U manjoj posudi lagano istucite žumanjke. Dodajte oko 1 šalicu vruće smjese u žumanjke i odmah promiješajte. Ovu smjesu vratite u pleh. Smjesu ponovno kuhajte na srednjoj vatri ovaj put oko 5 minuta, stalno miješajući dok ne postane gusta. Smjesa bi trebala padati u komadima kada je pustite da pada sa žlice. Ugasite vatru i ostavite smjesu da se malo ohladi.
e) Podijelite kremu na dva jednaka dijela. U jednu porciju umiješajte 2 žličice ekstrakta ube dok se boja ne ujednači. Ulijte običnu kremu na jednu stranu kore za tart, a zatim ulijte ube kremu u drugu polovicu. Alternativno, možete dodati kreme na koru kako biste stvorili efekt mramoriranja. Upotrijebite dva komada čistih čačkalica kako biste zavrtjeli smjesu za taj zaokretni učinak. Ostavite tart da se ohladi u hladnjaku najmanje dva sata prije posluživanja.

BILJOJED KREKER UGRIZE

10. Ferrero Rocher zalogaji kolača od sira

SASTOJCI:
- 1 šalica zdrobljenih biljojed krekera
- 3 žlice otopljenog maslaca
- 8 unci krem sira, omekšalog
- ½ šalice šećera u prahu
- 1 žličica ekstrakta vanilije
- 12 Ferrero Rocher čokoladica, nasjeckanih

UPUTE:
a) U zdjeli pomiješajte zdrobljene biljojed krekere i otopljeni maslac dok se dobro ne sjedine.
b) Smjesu utisnite na dno obložene posude za pečenje da napravite koricu.
c) U posebnoj zdjeli izmiksajte krem sir, šećer u prahu i ekstrakt vanilije dok smjesa ne postane glatka.
d) Umiješajte nasjeckane Ferrero Rocher čokolade.
e) Smjesu krem sira ravnomjerno rasporedite po kori.
f) Ohladite u hladnjaku najmanje 2 sata da se stegne.
g) Izrežite na kvadrate veličine zalogaja i poslužite.

11. Boston Krema Macarons

SASTOJCI:
ZA SLASTIČARSKU KREMU:
- 2 ½ šalice pola-pola
- ½ šalice granuliranog šećera
- ¼ žličice soli
- 5 većih žumanjaka
- 3 žlice kukuruznog škroba
- ¼ šalice neslanog maslaca (hladnog, narezanog na kockice)
- 1 žličica ekstrakta vanilije

ZLATNE MACARON LJUŠTICE:
- 215 g (7,5 oz) slastičarskog šećera
- 115 g (4 oz) najfinijeg bademovog brašna
- 30 g (1 oz) mrvica biljojed krekera
- 5 većih bjelanjaka (sobne temperature)
- 45 g (1,5 oz) granuliranog šećera

ČOKOLADNI PRELIV:
- ¼ šalice komadića tamne čokolade
- 1 žličica kokosovog ulja
- Zlatni brusni šećer (za ukrašavanje)

UPUTE:
ZA SLASTIČARSKU KREMU:
a) U malom loncu pomiješajte pola i pola, granulirani šećer i sol. Zagrijte smjesu na srednje niskoj vatri dok ne počne kuhati na pari.
b) U zdjeli srednje veličine izmiješajte žumanjke i kukuruzni škrob dok se dobro ne sjedine.
c) Nakon što se smjesa pola i pola zagrije, ulijte 1/2 šalice u smjesu jaja, neprestano miješajući da se jaja temperiraju.
d) Ulijte temperiranu smjesu jaja natrag u lonac s preostalom smjesom pola i pola i vratite na vatru. Kuhajte na srednje jakoj vatri dok se krema ne zgusne do konzistencije toplog pudinga.
e) Maknite s vatre i umiješajte hladni maslac narezan na kockice i ekstrakt vanilije dok se maslac potpuno ne otopi.
f) Gotovu slastičarsku kremu prebacite u zdjelu i čvrsto zamotajte plastičnom folijom. Hladiti najmanje tri sata prije upotrebe.
g) Za Golden Macaron školjke:
h) U velikoj posudi za obradu hrane miksajte slastičarski šećer, bademovo brašno i mrvice biljojed krekera dok se dobro ne sjedine.
i) Procijedite smjesu kroz fino mrežasto cjedilo u veliku zdjelu, a zatim je ponovno prosijte u drugu zdjelu. Staviti na stranu.
j) U samostojećem mikseru opremljenom nastavkom za pjenjaču, pjenasto umutite bjelanjke i granulirani šećer na srednjoj brzini dok ne postanu lagani pjenasti (oko 2 minute).
k) Lagano povećajte brzinu i miksajte dok bjelanjci ne postanu poput pjene od šampona (još oko 2 minute).
l) Povećajte brzinu na najvišu postavku i mutite dok se ne formiraju čvrsti vrhovi (oko 2-3 minute).
m) U bjelanjke umiješajte 1/3 smjese od badema i gumenom lopaticom sjedinite smjesu. Ponavljajte sve dok se sva smjesa badema ne sjedini i dok tijesto ne dobije konzistenciju poput lave.
n) Prebacite tijesto u vrećicu s okruglim vrhom od 1/2 inča. Iscrtajte četiri točke na lim za pečenje i preko njih stavite komad papira za pečenje. Ponovite s drugim limom za pečenje i papirom za pečenje.
o) Nanesite tijesto na limove za pečenje, koristeći razvučene točkice kao vodič. Limove za pečenje malo podignite i spustite kako biste uklonili mjehuriće zraka.
p) Pustite macaronse da se suše na zraku 30-40 minuta. U međuvremenu zagrijte pećnicu na 325°F (160°C).

q) Nakon što macarons više nisu ljepljivi na dodir, stavite ih u pećnicu i pecite 12-15 minuta. Ostavite macarons da se ohlade na limovima za pečenje 10 minuta prije nego što ih prebacite na rešetku da se potpuno ohlade.

ZA ČOKOLADNI UMAK:
r) U maloj zdjeli prikladnoj za mikrovalnu pomiješajte komadiće tamne čokolade i kokosovo ulje. Otopite čokoladu i ulje u mikrovalnoj pećnici u intervalima od 20 sekundi, miješajući u međuvremenu dok ne postane glatko i dobro integrirano.

s) Vrhove polovica ljuski makarona umočite u otopljenu čokoladu i pospite ih zlatnim šećerom. Macaronse prelivene čokoladom ohladite u hladnjaku 30 minuta.

ZA SASTAVLJANJE:
t) Ohlađenu slastičarsku kremu premjestite u vrećicu s velikim žljebovima.

u) Stavite obične kore makarona (donjom stranom prema gore) i na svaku premažite slastičarsku kremu.

v) Stavite ljuske makarona umočenih u čokoladu na vrh slastičarske kreme kako biste napravili macarone poput sendviča.

w) Sastavljene macaronse prebacite u hladnjak i ohladite do posluživanja.

12.Godiva sladoledni sendvič

SASTOJCI:
- 1 kutija Godiva čokoladnih tartufa
- 12 čokoladnih biljojed krekera
- 2 šalice sladoleda od kave

UPUTE:
a) Uklonite omote s Godiva čokoladnih tartufa.
b) Stavite 6 čokoladnih biljojed krekera naopačke na lim za pečenje.
c) Stavite Godiva tartuf na vrh svakog krekera.
d) Uzmite kuglicu sladoleda od kave i stavite je na vrh tartufa.
e) Na vrh stavite još jedan čokoladni biljojed kreker da napravite sendvič.
f) Ponovite s preostalim krekerima, tartufima i sladoledom.
g) Zamrznite sladoledne sendviče najmanje 2 sata prije posluživanja.

13. S'mores kroasani

SASTOJCI:
- 1 list lisnatog tijesta, odmrznut
- ¼ šalice Nutelle
- ¼ šalice mini marshmallowa
- ¼ šalice mrvica biljojed krekera
- 1 jaje, tučeno
- Šećer u prahu, za posipanje

UPUTE:
a) Zagrijte pećnicu na temperaturu naznačenu na pakiranju lisnatog tijesta. Obično je oko 375°F (190°C).
b) Na lagano pobrašnjenoj površini razvijte odmrznuti list lisnatog tijesta i lagano ga razvaljajte na jednaku debljinu.
c) Lisnato tijesto nožem ili rezačem za pizzu narežite na trokute. Trebali biste dobiti oko 6-8 trokuta, ovisno o veličini koju preferirate.
d) Svaki trokut od lisnatog tijesta namažite tankim slojem Nutelle, ostavljajući mali rub oko rubova.
e) Pospite mrvicama biljojed krekera preko sloja Nutelle na svaki trokut.
f) Stavite nekoliko mini marshmallowa na mrvice biljojed krekera, ravnomjerno ih raspoređujući po trokutu.
g) Počevši od šireg kraja svakog trokuta, pažljivo zarolajte tijesto prema šiljastom kraju, oblikujući oblik kroasana. Pazite da zatvorite rubove kako nadjev ne bi iscurio.
h) Pripremljene kroasane slažite u pleh obložen papirom za pečenje, ostavljajući razmak između njih da se tijekom pečenja rašire.
i) Vrh svakog kroasana premažite razmućenim jajetom, koje će im dati lijepu zlatnu boju kada se ispeku.
j) Pecite S'mores kroasane u prethodno zagrijanoj pećnici oko 15-18 minuta ili dok ne porumene i napuhnu se.
k) Kad su pečeni, kroasane izvadite iz pećnice i ostavite da se malo ohlade na rešetki.
l) Prije posluživanja pospite S'mores kroasane šećerom u prahu, dodajući dašak slatkoće i atraktivan završni dodir.
m) Uživajte u svojim ukusnim domaćim kroasanima S'mores kao divnoj poslastici za doručak, desert ili kad god poželite divnu kombinaciju Nutelle, marshmallowa i biljojed krekera.

14. S'mores Pretzel Ugrize

SASTOJCI:
- 100 komada pereca (četvrtastih pereca)
- 25 komada marshmallowa pravilne veličine, prerezanih na pola
- 8 unci poluslatke čokolade koja se topi (također tamna je u redu)
- 3 lista biljojed krekera, fino zgnječena ili samljevena

UPUTE:
a) Stavite rešetku za pečenje u sredinu pećnice i zagrijte je na 350°F.
b) Lim za pečenje obložite silikonskom podlogom za pečenje ili papirom za pečenje.
c) Rasporedite pedeset pereca u jednom sloju na lim za pečenje, ostavljajući oko 2" razmaka između svakog pereca.
d) Na svaki perec stavite pola marshmallowa.
e) Stavite lim za pečenje u pećnicu i pecite dok marshmallows ne počnu rumeniti. Vrijeme pečenja može varirati, ali pažljivo promatrajte oko 10 minuta.
f) Izvadite perece iz pećnice i na svaki stavite drugi perec, ostavite ih da se ohlade nekoliko minuta.
g) Rastopite čokoladu prema uputama na pakiranju.
h) Umočite svaki marshmallow perec u čokoladu otprilike do pola i stavite na obložen lim za pečenje.
i) Pospite zdrobljene mrvice biljojed krekera preko svakog zalogaja pereca dok je čokolada još mokra.

15. Ferrero Rocher kuglice s maslacem od kikirikija

SASTOJCI:
- 1 šalica kremastog maslaca od kikirikija
- ¼ šalice meda
- 2 šalice zdrobljenih biljojed krekera
- 12 Ferrero Rocher čokoladica, cijelih
- 8 unci mliječne čokolade, otopljene

UPUTE:
a) U zdjeli za miješanje pomiješajte maslac od kikirikija, med i zdrobljene biljojed krekere.
b) Smjesu razvaljajte u male kuglice, promjera oko 1 inča.
c) U sredinu svake kuglice utisnite cijelu Ferrero Rocher čokoladu.
d) Kuglice slažite na pleh obložen papirom za pečenje.
e) Zamrznite kuglice oko 30 minuta da se stvrdnu.
f) Svaku lopticu umočite u otopljenu mliječnu čokoladu i premažite je do kraja.
g) Premazane kuglice vratite u lim za pečenje i ostavite u hladnjaku dok se čokolada ne stegne.
h) Poslužite ohlađeno kao ukusnu i orašastu poslasticu.

16.Zalogaji torte od sira od malina

SASTOJCI:
ZA KORE:
- 1 šalica mrvica biljojed krekera
- 2 žlice granuliranog šećera
- 4 žlice neslanog maslaca, otopljenog

ZA NADJEV ZA KOLAČ OD SIRA:
- 8 unci krem sira, omekšalog
- ¼ šalice granuliranog šećera
- 1 žličica ekstrakta vanilije
- 1 veliko jaje

ZA MALININ SWIRL:
- ½ šalice svježih ili smrznutih malina
- 2 žlice granuliranog šećera

UPUTE:
ZA KORE:
a) Zagrijte pećnicu na 325°F (160°C). Kalup za mini muffine obložite papirnatim podlogama.
b) U zdjeli pomiješajte mrvice biljojed krekera, šećer i otopljeni maslac. Miješajte dok se mrvice ravnomjerno ne prekriju.
c) Utisnite žličicu smjese na dno svake posude za mini muffine.

ZA NADJEV ZA KOLAČ OD SIRA:
d) U drugoj posudi istucite omekšali krem sir dok ne postane glatko.
e) Dodajte šećer, ekstrakt vanilije i jaje i tucite dok se dobro ne sjedini.
f) Žlicom rasporedite smjesu krem sira preko kore biljojed krekera u svakoj posudi za muffine.

ZA MALININ SWIRL:
g) U manjem loncu zagrijte maline i šećer na laganoj vatri. Maline zgnječite vilicom dok se kuhaju.
h) Nakon što maline omekšaju i smjesa se malo zgusne, maknite je s vatre i procijedite kroz sitno sito da uklonite sjemenke.
i) Stavite male količine pirea od malina na nadjev za tortu od sira u svakoj posudi za muffine.

PEČENJE:
j) Pomoću čačkalice ili štapića umiješajte pire od malina u nadjev kolača od sira kako biste dobili mramorirani učinak.
k) Pecite u prethodno zagrijanoj pećnici oko 15-18 minuta, odnosno dok se zalogaji kolača od sira ne stvrdnu.
l) Ostavite ih da se ohlade u kalupu za muffine, a zatim ih prebacite u hladnjak da se ohlade nekoliko sati prije posluživanja.

17. Hrskavi tartufi od lješnjaka

SASTOJCI:
- 8 unci tamne čokolade, sitno nasjeckane
- ½ šalice gustog vrhnja
- 2 žlice neslanog maslaca, sobne temperature
- ½ šalice nasjeckanih prženih lješnjaka
- ¼ šalice (40 g) sitno zdrobljenih biljojed krekera

UPUTE:
a) Stavite nasjeckanu tamnu čokoladu u vatrostalnu zdjelu.
b) U malom loncu zagrijte vrhnje na srednjoj vatri dok ne počne kuhati. Maknite s vatre.
c) Vruće vrhnje prelijte preko nasjeckane čokolade i ostavite da nesmetano odstoji 1-2 minute.
d) Lagano miješajte smjesu dok se čokolada potpuno ne otopi i postane glatka.
e) Dodajte maslac, nasjeckane lješnjake i izmrvljene oblatne. Miješajte dok se dobro ne sjedini.
f) Pokrijte zdjelu plastičnom folijom i stavite u hladnjak na najmanje 2 sata ili dok se ne stegne.
g) Čajnom žličicom ili malom lopaticom dijelite ganache i razvaljajte ga u kuglice.
h) Po želji: Tartufe uvaljati u dodatno nasjeckane lješnjake ili kakao prah za premazivanje.
i) Čuvajte tartufe u hladnjaku do posluživanja.

18. Margarita Tartufi

SASTOJCI:
- ¼ šalice čvrstog vrhnja za šlag
- ¼ šalice zaslađenog kondenziranog mlijeka
- 4 žlice korice limete
- 2 ¼ šalice komadića bijele čokolade
- 4 žlice tekile
- 1 žlica neslanog, omekšalog maslaca
- 2 šalice zdrobljenih biljojed krekera

UPUTE:
a) Koristeći veliku zdjelu, pomiješajte čvrsto vrhnje za šlag, zaslađeno kondenzirano mlijeko, koricu limete, tekilu i komadiće čokolade.
b) Stavite u mikrovalnu pećnicu na 1 minutu i 30 sekundi prije mućenja.
c) Vratite u mikrovalnu pećnicu na još jednu minutu i ponovno miješajte dok se ne otopi i postane glatka.
d) Pokrijte prozirnom folijom i stavite u hladnjak da se stegne.
e) Žlicom izdubite tartufe i zarolajte ih u kuglicu.
f) Uvaljajte tartuf u zdrobljeni biljojed kreker.
g) Ponavljajte dok se svo tijesto od tartufa ne razvalja u male loptice.

BILJOJED KREKER OD SIRA

19.Saćasti kolač od sira

SASTOJCI:
- 1 ½ šalice mrvica biljojed krekera
- ¼ šalice otopljenog maslaca
- 16 unci krem sira, omekšalog
- 1 šalica šećera
- 1 žličica ekstrakta vanilije
- 3 velika jaja
- ½ šalice zdrobljenog bombona saća

UPUTE:
a) Prethodno zagrijte pećnicu na 325°F (160°C) i namastite kalup za pečenje od 9 inča.
b) U zdjeli za miješanje pomiješajte mrvice biljojed krekera i otopljeni maslac. Utisnite smjesu na dno pripremljene posude da se oblikuje korica.
c) U posebnoj zdjeli izmiksajte krem sir, šećer i ekstrakt vanilije dok ne postanu glatki i kremasti.
d) Dodajte jedno po jedno jaje, dobro umutite nakon svakog dodavanja.
e) Ubacite zdrobljene bombone u saću.
f) Prelijte smjesu krem sira preko kore u kalupu za pečenje.
g) Pecite 50-60 minuta ili dok se sredina ne stegne.
h) Izvadite iz pećnice i ostavite kolač od sira da se potpuno ohladi prije nego što ga stavite u hladnjak na nekoliko sati ili preko noći.
i) Poslužite ohlađeno i po želji ukrasite još mrvljenim bombonom od saća.

20.Čokoladni kolač od sira s Ogledalo glazurom

SASTOJCI:
ZA KOLAČ OD SIRA:
- 9 unci Biljojed krekera, grubo nasjeckanih
- 3 ½ unce neslanog maslaca, otopljenog
- 20 unci punomasnog krem sira
- 3 unce šećera u prahu
- 7 unci kvalitetne bijele čokolade, nasjeckane na male komadiće
- 3 ½ unce dvostrukog vrhnja, umućenog do mekanih vrhova
- Sjemenke iz 1 mahune vanilije ili 1 žličice paste od vanilije

ZA OGLEDALO GLAZURU:
- 2 žlice želatine u prahu
- ⅓ šalice hladne vode
- 7 unci granuliranog šećera
- 7 unci kukuruznog sirupa
- 3 ½ unce vode
- 5,3 unce zaslađenog kondenziranog mlijeka
- 7 unci bijele čokolade, nasjeckane na male komadiće
- 1 žličica ekstrakta vanilije
- Odabir boja za hranu meke gel paste
- Puder za sjaj (po izboru)

UPUTE:
PRIPREMA PODLOGE ZA KOLAČ OD SIRA:
a)   Podmažite kalup za tortu od 20 cm (8 inča) i obložite dno i stranice masnim papirom. Za urednije rubove, možete koristiti acetat za hranu da obložite strane.

b)   Biljojed krekere stavite u procesor hrane i miksajte dok se ne pretvore u prah. Dodajte otopljeni maslac i dobro promiješajte.

c)   Ulijte biljojed smjesu u pripremljeni lim i pritisnite je prema dolje kako biste stvorili ravnomjernu podlogu. Ohladite u hladnjaku dok pripremate nadjev.

IZRADA NADJEVA OD SIRA:
d)   Otopite bijelu čokoladu u zdjeli otpornoj na toplinu iznad lonca s ključalom vodom, pazeći da dno posude ne dodiruje vodu. Miješajte dok smjesa ne postane glatka, zatim maknite s vatre i ostavite sa strane da se ohladi.

e)   U posebnoj zdjeli pomiješajte sjemenke vanilije, krem sir i šećer. Izmiksajte ručnim ili samostalnim mikserom.

f)   Ulijte otopljenu bijelu čokoladu i umutite da se sjedini.

g) Lagano umiješajte tučeno vrhnje i smjesu izlijte u pripremljeni kalup na podlogu od keksa.
h) Koristite nož za palete da poravnate vrh. Prekrijte površinu prozirnom folijom (plastičnom folijom) i ostavite u hladnjaku najmanje 8 sati ili preko noći.

IZRADA GLAZURE ZA ZRCALO:
i) Stavite želatinu u prahu u manju posudu i dodajte hladnu vodu. Pustite da 'cvate' dok ne nabubri i postane gotovo čvrst. Staviti na stranu.
j) U loncu pomiješajte šećer, kukuruzni sirup i vodu. Zagrijte dok se šećer ne otopi, zatim maknite s vatre i umiješajte nabujalu želatinu.
k) Dodajte zaslađeno kondenzirano mlijeko i ekstrakt vanilije, miješajući dok ne postane glatko.
l) U zdjelu stavite nasjeckanu bijelu čokoladu i prelijte vrućom smjesom. Pustite da odstoji nekoliko minuta, a zatim polagano miješajte pjenjačom dok glazura ne postane potpuno glatka.
m) Dodajte malu količinu željene osnovne boje u glazuru i miješajte dok ne postane glatka. Prilagodite boju svojim željama.
n) Uvjerite se da glazura dosegne 32°C/90°F pomoću digitalnog termometra prije upotrebe (obično tu temperaturu postigne tijekom rada s bojama).

NANOŠENJE OGLEDALO GLAZURE:
o) Izvadite kolač od sira iz zamrzivača i pažljivo odvojite limenu podlogu i masni papir. Stavite ga na rešetku iznad pladnja da uhvati višak glazure.
p) Zagladite vrh kolača od sira nožem za palete dok ne bude što je moguće ravnomjerniji i glatkiji.
q) Prelijte glazuru temeljne boje preko cijelog kolača od sira, pustite da kaplje preko stranica.
r) Brzo žlicom pokapajte kontrastnu glazuru po vrhu kako biste stvorili zanimljiv uzorak.
s) Po želji dodajte prašak za sjaj ili druge ukrase.
t) Pustite da se glazura stegne i kolač od sira ugrije na sobnu temperaturu prije posluživanja.
u) Ako ne poslužite odmah, spremite u hladnjak dok ne budete spremni za rezanje.
v) Uživajte u svom prekrasnom kolaču od sira od bijele čokolade Ogledalo Glaze!

21. Kolač od sira od borovnice i lavande

SASTOJCI:
KORA
- 110 grama fino zdrobljenih biljojed krekera bez glutena (oko 1 šalice)
- ½ žličice osušenih jestivih pupoljaka lavande grubo samljevenih
- 4 žlice otopljenog maslaca

PRELJEV OD BOROVNICA
- 1½ šalice borovnica
- ¼ šalice vode
- 3 žlice organskog šećerne trske
- ½ žličice limunove korice
- ¼ žličice ekstrakta vanilije
- prstohvat soli
- ¾ žličice osušenih jestivih pupoljaka lavande

NADJEV ZA KOLAČ OD SIRA
- ¾ šalice ohlađenog vrhnja
- 8 unci krem sira, na sobnoj temperaturi
- 4 unce kozjeg sira, na sobnoj temperaturi
- ½ šalice organskog šećerne trske
- 2 žličice limunove korice
- 1 žličica ekstrakta vanilije
- ½ žličice osušenih jestivih pupoljaka lavande grubo samljevenih

UPUTE:
a) Biljojed krekere stavite u procesor hrane. Procesirajte dok ne dobiju finu, pješčanu teksturu. Prebacite u zdjelu srednje veličine. Dodajte lavandu, sol i maslac. Dobro izmiješajte vilicom da se maslac uklopi u sve mrvice. Stavite okrugli komad pergamenta na dno kalupa za pečenje. Žlicom i rukama utisnite mrvice na dno i malo manje od ½ gore po stranicama. Pazite da čvrsto pritisnete. Stavite u zamrzivač.
b) Stavite 1 šalicu borovnica i vodu u procesor hrane i miksajte dok se ne nasjeckaju na male komadiće. Ispraznite smjesu u malu posudu za umake. Dodajte šećer, limunovu koricu, vaniliju i sol. Pustite da lagano kuha na srednjoj vatri uz stalno miješanje.
c) Dodajte preostalu polovicu borovnica. Stavite lavandu u vrećicu čaja za višekratnu upotrebu ili vrećicu od gaze, zatvorite je i dodajte umaku. Smanjite vatru i nastavite miješati dok se lavanda kuha. Kad se umak zgusne, oko 10 minuta, maknite s vatre.
d) Nastavite kuhati lavandu još 15 do 20 minuta. Zatim uklonite vrećicu čaja ili vrećicu. Neka se umak potpuno ohladi.
e) U velikoj posudi električnom miješalicom umutite čvrsto vrhnje dok ne dobijete mekane vrhove. U drugoj velikoj zdjeli mikserom umutite krem sir, kozji sir, šećer, koricu limuna i lavandu. Nakon što se smjesa potpuno sjedini, lopaticom nježno umiješajte šlag.
f) Izvaditi koru iz zamrzivača i sipati fil. Zagladiti velikom žlicom. Ostavite u hladnjaku minimalno četiri sata najbolje preko noći. Kada ste spremni za posluživanje, izvadite iz hladnjaka i oslobodite iz opruge.
g) Žlicom nalijte veliku količinu umaka od borovnica na vrh i odmah prerežite. Kolač od sira će stajati 4 dana u hladnjaku.

22.Toblerone Kolač od sira od pistacija

SASTOJCI:
- 1 paket cannoli školjki
- ½ šalice šećera
- ½ šalice mrvica biljojed krekera
- ⅓ šalice maslaca, otopljenog

PUNJENJE:
- 2 paketa (svaki po 8 unci) krem sira, omekšalog
- 1 šalica slastičarskog šećera
- ½ žličice naribane narančine korice
- ¼ žličice mljevenog cimeta
- ¾ šalice djelomično obranog ricotta sira
- 1 žličica ekstrakta vanilije
- ½ žličice ekstrakta ruma
- ½ šalice Tobleronea, nasjeckanog
- Sjeckani pistacije, po želji

UPUTE:

a) Isperite ljuske cannolija u procesoru hrane dok se ne stvore grube mrvice.

b) Dodajte šećer, mrvice krekera i otopljeni maslac; pulsirajte samo dok se ne sjedine.

c) Pritisnite na dno i gornju stranu podmazanog 9-inčnog. tanjur za pitu. Stavite u hladnjak dok se ne stegne, oko 1 sat.

d) Tucite prva 4 sastojka za punjenje dok se ne sjedine. Umutite ricotta sir i ekstrakte. Umiješajte komadiće Tobleronea.

e) Razvući u koru.

f) Stavite u hladnjak, pokriveno, dok se ne stegne, oko 4 sata. Po želji nadjenite pistaćima.

23.Choc Chip Cannoli torta od sira

SASTOJCI:
- 4 unce ljuski cannolija
- ½ šalice šećera
- ½ šalice mrvica biljojed krekera
- ⅓ šalice otopljenog maslaca

PUNJENJE:
- Dva pakiranja od 8 unci krem sira, omekšalog
- 1 šalica slastičarskog šećera
- ½ žličice naribane narančine korice
- ¼ žličice mljevenog cimeta
- ¾ šalice djelomično obranog ricotta sira
- 1 žličica ekstrakta vanilije
- ½ žličice ekstrakta ruma
- ½ šalice minijaturnih poluslatkih komadića čokolade
- Sjeckani pistacije, po želji

UPUTE:

a) Isperite ljuske cannolija u procesoru hrane dok se ne stvore grube mrvice. Dodajte šećer, mrvice krekera i otopljeni maslac; pulsirajte samo dok se ne sjedine. Pritisnite na dno i gornju stranu podmazanog 9-inčnog. tanjur za pitu. Stavite u hladnjak dok se ne stegne, oko 1 sat.

b) Tucite prva 4 sastojka za punjenje dok se ne sjedine. Umutite ricotta sir i ekstrakte. Umiješajte komadiće čokolade. Razvući u koru.

c) Stavite u hladnjak, pokriveno, dok se ne stegne, oko 4 sata. Po želji nadjenite pistaćima.

24. Smrznuta torta od sira od smokava

SASTOJCI:

- 1 šalica mrvica biljojed krekera
- 1 šalica plus 2 žlice granuliranog šećera
- 4 žlice maslaca, otopljenog
- 2 šalice ricotta sira, ocijeđenog
- 8 unci krem sira
- 1 žlica kukuruznog škroba
- 4 velika jaja
- 2 žličice ekstrakta vanilije
- Prstohvat soli
- ⅓ šalice džema od smokava

UPUTE:

a) Zagrijte pećnicu na 340°F (171°C). Omotajte unutrašnjost kalupa od 9 inča (23 cm) aluminijskom folijom. Poprskajte neljepljivim sprejom za kuhanje i ostavite sa strane.

b) U maloj posudi pomiješajte mrvice biljojed krekera, 2 žlice šećera i maslac. Utisnite na dno pripremljene posude. Ohladite 30 minuta u hladnjaku.

c) U veliku zdjelu za miješanje dodajte ricotta sir, krem sir, preostalu 1 šalicu šećera i kukuruzni škrob. Dobro izmiješajte električnom miješalicom na srednjoj brzini. Dodajte jedno po jedno jaje, muteći laganom brzinom nakon svakog dodavanja. Dodajte ekstrakt vanilije i sol, te tucite na maloj brzini dok se ne sjedini.

d) Izvadite koru iz hladnjaka. Ulijte tijesto u koru. Lagano umiješajte džem od smokava u kolač od sira za mramorirani učinak. Stavite posudu u veću posudu s vrućom vodom tako da je posuda s oprugom napola uronjena.

e) Pecite 55 minuta do 1 sat. Kolač bi trebao biti stvrdnut, ali još uvijek se lagano tresti. Izvadite iz veće posude s vodom i ohladite na rešetki dok ne postigne sobnu temperaturu.

f) Nožem za maslac kliznite oko unutarnjeg ruba posude kako biste odvojili kolač od sira od posude, a zatim otkopčajte vanjski dio posude. Ohladite 1 sat, a zatim zamrznite 4 sata. Ostavite na sobnoj temperaturi 10 do 15 minuta prije rezanja i posluživanja.

g) Čuvanje: Čuvati čvrsto zamotano u plastičnu foliju u zamrzivaču do 1 mjeseca.

25.Mini torta od sira s glaziranom Nutellom

SASTOJCI:
ŽELE OD MALINA:
- 1 šalica smrznutih i odmrznutih malina
- 1 šalica vode
- 1 šalica granuliranog šećera
- 2 žlice želatine u prahu + 4 žlice hladne vode

TORTA OD SIRA:
- 250 g Philadelphia krem sira
- 1 šalica gustog vrhnja
- 1 žličica ekstrakta vanilije
- 2 žlice želatine u prahu + 4 žlice hladne vode

GLAZURA ZA OGLEDALO:
- 200 grama zaslađenog kondenziranog mlijeka
- 300 grama granuliranog šećera
- 150 grama vode
- 350 grama komadića bijele čokolade
- 19 grama želatine (+ ½ šalice vode za cvjetanje)
- 5 kapi ljubičastog prehrambenog gela
- 5 kapi ružičastog prehrambenog gela
- 6 okruglih biljojed krekera
- 1 šalica Nutelle
- ½ šalice naribane bijele čokolade

UPUTE:

a) Napunite malu vrećicu s Nutellom i ulijte je u mali silikonski kalup polukugle. Za to će vam trebati 6 kalupa. Zamrznite kalupe punjene Nutellom na 2 sata.

b) U malom loncu pomiješajte odmrznute maline, vodu i granulirani šećer za žele od malina. Zagrijte smjesu na srednjoj vatri dok se šećer ne otopi i maline ne raspadnu. To bi trebalo trajati oko 5-7 minuta.

c) U posebnoj posudi pospite želatinu u prahu sa 4 žlice hladne vode i ostavite da nabubri nekoliko minuta.

d) Nakon što je smjesa od malina gotova, maknite je s vatre i procijedite da uklonite sve sjemenke. Zatim u smjesu s malinama dodajte nabujalu želatinu i miješajte dok se želatina potpuno ne otopi.

e) Žele od malina ulijte u 6 polusfernih silikonskih kalupa, punite ih otprilike do pola. Smrznute polukuglice punjene Nutellom stavite u žele od malina, lagano ih gurajući prema dolje. Ostavite u hladnjaku najmanje 2 sata ili dok se ne stegne.

f) U zdjeli za miješanje tucite Philadelphia krem sir, zgusnuto vrhnje i ekstrakt vanilije dok ne postane glatko i dobro sjedinjeno.
g) U posebnoj posudi pospite želatinu u prahu sa 4 žlice hladne vode i ostavite da nabubri.
h) Zagrijte nabujalu želatinu u mikrovalnoj pećnici oko 20 sekundi ili dok se potpuno ne otopi. Zatim ga dodajte smjesi od krem sira i miješajte dok se dobro ne sjedini.
i) Kalupe punjene želeom od malina pažljivo izvadite iz hladnjaka i preko njih prelijte smjesu za kolače od sira, punite kalupe do vrha. Zagladite površinu lopaticom. Kalupe vratite u hladnjak i ostavite najmanje 4 sata ili preko noći.
j) Nakon što su kolačići od sira stvrdnuti, pripremite glazuru za ogledalo. U loncu pomiješajte zaslađeno kondenzirano mlijeko, granulirani šećer i vodu. Zagrijte smjesu na srednjoj vatri, neprestano miješajući, dok lagano ne zavrije. Maknite s vatre.
k) U posebnoj posudi prokuhajte želatinu tako što ćete je preliti s ½ šalice vode. Ostavite da odstoji nekoliko minuta, a zatim ga stavite u mikrovalnu oko 20 sekundi ili dok se potpuno ne otopi.
l) Dodajte otopljenu želatinu u komadiće bijele čokolade i miješajte dok se čokolada ne otopi i smjesa postane glatka.
m) Ogledalo glazuru podijelite na dva dijela. U jedan dio dodajte ljubičasti prehrambeni gel, a u drugi ružičasti prehrambeni gel. Miješajte svaki dok ne dobijete željene boje.
n) Pažljivo odvojite mini kolače od sira iz njihovih silikonskih kalupa i svaki stavite na okrugli biljojed kreker.
o) Prelijte obojenu zrcalnu glazuru preko mini tortica od sira, stvarajući efekt mramora.
p) Završite ukrašavanjem svakog kolača od sira naribanom bijelom čokoladom.
q) Ostavite mini kolače od sira u hladnjaku najmanje 1 sat kako bi se glazura stvrdnula.
r) Poslužite i uživajte u svojim mini kolačima od sira s Nutellom i malinama!

26.Kolač od sira Dalgona

SASTOJCI:
- 2 žlice instant kave
- 2 žlice šećera
- 2 žlice vruće vode
- 2 šalice mrvica biljojed krekera
- ½ šalice neslanog maslaca, otopljenog
- 24 unce krem sira, omekšalog
- 1 šalica šećera
- 3 jaja
- 1 žličica ekstrakta vanilije

UPUTE:
a) U zdjeli pomiješajte instant kavu, šećer i vruću vodu dok ne postane gusto i pjenasto.
b) Prethodno zagrijte pećnicu na 325°F (163°C) i namastite kalup za pečenje od 9 inča.
c) U posebnoj zdjeli pomiješajte mrvice biljojed krekera i otopljeni maslac.
d) Utisnite smjesu od mrvica na dno pripremljene posude da se oblikuje korica.
e) U drugoj zdjeli tucite krem sir i šećer dok ne postanu glatki i kremasti.
f) Umutite jaja, jedno po jedno, a zatim dodajte ekstrakt vanilije.
g) Lagano umiješajte polovicu umućene Dalgona smjese.
h) Ulijte tijesto za kolač od sira u koru i zagladite vrh.
i) Pecite 45-50 minuta ili dok se sredina ne stegne i lagano podrhtava.
j) Izvadite iz pećnice i pustite da se potpuno ohladi prije nego što stavite u hladnjak na nekoliko sati ili preko noći.
k) Poslužite s malo preostale smjese Dalgona na vrhu.

27.Kolač od sira od brusnice i naranče

SASTOJCI:

- 1 šalica Biljojed mrvica
- 2 šalice svježeg sira
- 1 paket Light krem sira; 8 unci
- ⅔ šalice šećera
- ½ šalice običnog jogurta
- ¼ šalice brašna; sve namjene
- 2 šalice brusnica
- ½ šalice soka od naranče
- 1 žlica margarina; lagan, rastopljen
- 2 bjelanca
- 1 jaje
- 1 žlica narančine kore; naribana
- 1 žličica vanilije
- ⅓ šalice šećera
- 2 žličice kukuruznog škroba

UPUTE:

a) Sjediniti sastojke za koru. Pritisnite dno kalupa od 9 inča.
b) Pecite na 325 stupnjeva F 5 minuta.
c) U sjeckalici izmiksajte svježi sir dok ne postane glatko. Dodajte krem sir i obradite dok ne postane glatko. Dodajte preostale sastojke za punjenje; obradite dok ne postane glatko. Izliti u tepsiju. Pecite na 325 stupnjeva F 50 do 60 minuta ili dok se gotovo ne stegne u sredini.
d) Prođite nožem po rubu torte da biste je odvojili od ruba. Ohladiti na rešetki. Ohladite se.
e) Pomiješajte brusnice, sok od naranče i šećer u loncu. Zakuhajte uz stalno miješanje. Zatim kuhajte na laganoj vatri 3 minute ili dok brusnice ne počnu pucati. Otopite kukuruzni škrob u 1 žlici vode. Dodajte u tavu, kuhajte i miješajte 2 minute.
f) Preljev ohladite, pa njime premažite tortu prije posluživanja.

28.Kolač od sira od jastoga

SASTOJCI:
- 2 repa jastoga, kuhana i narezana na kockice
- 1 ½ šalice mrvica biljojed krekera
- ¼ šalice neslanog maslaca, otopljenog
- 16 unci krem sira, omekšalog
- ½ šalice granuliranog šećera
- 2 velika jaja
- 1 žličica ekstrakta vanilije
- ½ šalice kiselog vrhnja
- Korica od 1 limuna
- Kriške limuna za ukras

UPUTE:
a) Zagrijte pećnicu na 325°F (165°C).
b) U zdjeli pomiješajte mrvice biljojed krekera i otopljeni maslac dok se dobro ne sjedine.
c) Pritisnite smjesu na dno podmazanog kalupa od 9 inča kako biste oblikovali koru.
d) U zdjeli za miješanje izmiksajte krem sir i granulirani šećer dok smjesa ne postane glatka.
e) Dodajte jaja, jedno po jedno, dobro tučeći nakon svakog dodavanja.
f) Umiješajte ekstrakt vanilije, kiselo vrhnje i koricu limuna dok se potpuno ne sjedine.
g) Lagano ubacite meso jastoga narezano na kockice.
h) Ulijte tijesto za kolač od sira preko kore u kalupu za pečenje, ravnomjerno ga rasporedite.
i) Pecite oko 45-50 minuta, ili dok se kolač od sira ne stegne oko rubova, ali još uvijek lagano podrhtava u sredini.
j) Isključite pećnicu i ostavite kolač od sira u pećnici s malo odškrinutim vratima još 30 minuta.
k) Izvadite kolač od sira iz pećnice i ostavite da se ohladi na sobnoj temperaturi.
l) Stavite kolač od sira u hladnjak na najmanje 4 sata ili preko noći da se ohladi i stegne.
m) Neposredno prije posluživanja uklonite stijenke kalupa i ukrasite kolač od sira od jastoga kriškama limuna.
n) Narežite i poslužite ovaj slano-slatki desert od jastoga za jedinstvenu i ugodnu poslasticu.

29. Malina i limun kolač od sira

SASTOJCI:
KORE:
- 1 ½ Biljojed mrvice
- 4 žlice otopljenog maslaca

NADJEV ZA KOLAČ OD SIRA OD LIMUN:
- 16 unci krem sira, sobne temp
- ½ šalice kiselog vrhnja
- 1 žlica mlijeka
- 1 žličica ekstrakta vanilije
- 1 šalica zdravog organskog šećera u prahu
- koricu limuna
- 1 žlica soka od limuna

ZA SASTAVLJANJE
- 1 šalica umaka od malina
- Šlag vrhnje
- kriška limuna
- Maline

UPUTE:
NAPRAVITI KORE:
a) U zdjelu dodajte biljojed mrvice s otopljenim maslacem. Dobro izmiješajte i ostavite sa strane.

ZA NAPRAVU NADJEVA OD SIRA OD LIMUN:
b) U zdjelu dodajte krem sir, kiselo vrhnje, mlijeko i ekstrakt vanilije. Miješajte na visokoj razini ručnim mikserom dok smjesa ne postane glatka. Dodajte šećer u prahu, koricu limuna i sok od limuna i ponovno promiješajte. Ostružite zdjelu, a zatim dodajte u vrećicu.

ZA SASTAVLJANJE:
c) U staklenku od 4 unce dodajte 2-3 žlice mješavine biljojed kore i utisnite. Zatim ulijte smjesu za tortu od sira. Protresite staklenku da se smjesa za kolač od sira izravna.

d) Dodajte žlicu umaka od malina, a na vrh stavite šlag, krišku limuna i maline.

30.Semifreddo torta od sira od limete

SASTOJCI:
ZA KORE:
- 1 ½ šalice mrvica biljojed krekera
- ⅓ šalice otopljenog maslaca
- 2 žlice granuliranog šećera

ZA SEMIFREDDO OD LIMETE:
- 4 velika jaja, odvojena
- 1 šalica granuliranog šećera
- ½ šalice svježe iscijeđenog soka od limete
- Korica 2 limete
- 1 ½ šalice gustog vrhnja

ZA SLOJ TORTE OD SIRA:
- 8 unci krem sira, omekšalog
- ½ šalice šećera u prahu
- 1 žličica ekstrakta vanilije
- Za ukras:
- Korica limete
- Šlag

UPUTE:
a) U zdjeli za miješanje pomiješajte mrvice biljojed krekera, otopljeni maslac i granulirani šećer za koru. Dobro izmiješajte dok se mrvice ravnomjerno ne prekriju.
b) Utisnite smjesu od mrvica na dno kalupa od 9 inča, stvarajući ravnomjeran sloj. Posudu stavite u hladnjak da se ohladi dok pripremate nadjev.
c) U velikoj zdjeli za miješanje tucite žumanjke i granulirani šećer dok ne postanu svijetli i kremasti.
d) Dodajte sok limete i koricu limete u smjesu žumanjaka i nastavite tući dok se dobro ne sjedini.
e) U posebnoj zdjeli umutite čvrsto vrhnje dok se ne formiraju mekani vrhovi.
f) Nježno umiješajte šlag u smjesu limete dok se dobro ne sjedini.
g) U drugoj zdjeli tucite bjelanjke dok se ne stvore čvrsti snijeg.
h) Tučene bjelanjke pažljivo umiješajte u smjesu limete i vrhnja, pazeći da se ne izmiksaju previše.
i) Prelijte smjesu za semifreddo od limete preko pripremljene kore u kalupu za opruge, ravnomjerno je rasporedite.
j) Stavite posudu u zamrzivač i ostavite da se stisne oko 4 sata ili dok se ne stegne.
k) U međuvremenu pripremite sloj kolača od sira tako što ćete zajedno izmiksati omekšali krem sir, šećer u prahu i ekstrakt vanilije dok ne postanu glatki i kremasti.
l) Nakon što je sloj semifreddoa od limete čvrst, rasporedite smjesu za kolač od sira po vrhu.
m) Vratite posudu u zamrzivač i ostavite da se stisne još 2 sata ili dok se ne stegne.
n) Prije posluživanja izvadite semifreddo kolač od sira iz zamrzivača i ostavite ga nekoliko minuta na sobnoj temperaturi da malo omekša.
o) Po želji ukrasite koricom limete i šlagom.
p) Semifreddo Kolač od sira s limetom narežite i poslužite ohlađen.

31. Kolač od sira od jagoda

SASTOJCI:
- 1 šalica šećera
- 1 ½ šalice gustog vrhnja
- ½ šalice punomasnog mlijeka
- 6 velikih jaja
- ¼ žličice soli
- 4 unce krem sira, omekšalog
- ½ šalice pirea od jagoda
- ¼ šalice mrvica biljojed krekera
- Šlag i dodatne mrvice biljojed krekera za posluživanje

UPUTE:
a) Zagrijte pećnicu na 325°F.
b) U srednje jakoj posudi zagrijte šećer na srednje jakoj vatri neprestano miješajući dok se ne rastopi i dobije zlatnosmeđu boju.
c) Ulijte otopljeni šećer u kalup za flan od 9 inča, vrteći da obložite dno i stranice kalupa.
d) U malom loncu zagrijte vrhnje, punomasno mlijeko i sol na srednjoj vatri, neprestano miješajući dok ne zavrije.
e) U posebnoj posudi istucite krem sir dok ne postane glatko.
f) Dodajte pire od jagoda i tucite dok se dobro ne sjedini.
g) Dodajte jedno po jedno jaje, dobro umutite nakon svakog dodavanja.
h) Umiješajte mrvice biljojed krekera dok se dobro ne sjedine.
i) Smjesu procijedite kroz fino sito i ulijte u kalup za flan.
j) Kalup stavite u veliku posudu za pečenje i nalijte je dovoljno vruće vode da dođe do polovice stijenki kalupa.
k) Pecite 50-60 minuta ili dok se flan ne stegne i lagano podrhtava kada se protrese.
l) Izvadite iz pećnice i ostavite da se ohladi na sobnoj temperaturi prije nego što ga stavite u hladnjak na najmanje 2 sata ili preko noći.
m) Za posluživanje prođite nožem oko rubova kalupa i preokrenite na pladanj za posluživanje. Poslužite sa šlagom i dodatnim mrvicama biljojed krekera.

32. RumChata Kolač od sira

SASTOJCI:
- 1 1/4 šalice mrvica biljojed krekera
- 1/4 šalice šećera
- 1/3 šalice otopljenog maslaca
- Dva pakiranja krem sira od 8 unci
- 1 1/2 šalice zaslađenog kondenziranog mlijeka
- 2 jaja, sobna temp
- 1 1/2 žličice vanilije
- 1/2 šalice RumChata
- 1/4 šalice malih komadića čokolade
- karamel preljev

UPUTE

a) Stavite posudu za pečenje ili posudu za pečenje na donju rešetku pećnice. U tavu ulijte otprilike centimetar ili dva vruće vode. Zagrijte pećnicu na 325 stupnjeva.

b) Pripremiti koru. Pomiješajte mrvice, šećer i maslac u velikoj zdjeli.

c) Pritisnite na dno i stranice kalupa od 9 inča. Stavite u hladnjak na 20 minuta do sat vremena ili dok se ne stegne.

d) U svom mikseru ili drugoj zdjeli, tucite krem sir na srednjoj brzini dok ne postane lagan i pahuljast. Dodajte kondenzirano mlijeko i tucite dok se smjesa ne sjedini i postane glatka.

e) Dodajte jaja, jedno po jedno. Ne zaboravite ostrugati stijenke i dno svoje zdjele! Zatim dodajte vaniliju i dobro promiješajte. Na kraju dodajte RumChata i miješajte na srednje niskoj razini oko jedne minute.

f) Ulijte/ostružite smjesu u posudu. Pecite oko 1 sat ili dok se kolač od sira ne stegne uz malo mrdanja u sredini. Isključite pećnicu i ostavite kolač od sira u pećnici oko sat vremena. Kolač od sira će lagano pasti.

g) Izvadite iz pećnice i dok je topla prođite nožem po stijenkama tepsije/kore da olabavi. Pustite da se potpuno ohladi ili stavite u hladnjak preko noći.

h) Odozgo preliti karamel preljevom da prekrije. Pospite sitnim komadićima čokolade i pokapajte s još karamele, pazeći da padne niz rubove.

i) Izrežite ga. Poslužite.

33.Ube torta od sira s korom od kolačića od kokosa

SASTOJCI:
KORA ZA KOLAČIĆE
- 1 ½ šalice mrvica biljojed krekera
- ½ šalice zaslađenog naribanog kokosa
- 6 žlica neslanog maslaca otopljenog i malo ohlađenog
- prstohvat soli

UBE KOLAČ OD SIRA NADJEV
- 2 bloka krem sira od 8 unci na sobnoj temperaturi
- Možda će trebati više ½ šalice granuliranog šećera
- 5 unci ube pekmeza sobne temperature
- ¾ šalice kiselog vrhnja na sobnoj temperaturi
- 1 žličica ekstrakta vanilije
- 3 žličice ekstrakta ube
- 3 kom velika jaja na sobnoj temperaturi

ŠLAG OD KOKOSA
- Ohlađena limenka kokosovog vrhnja od 14 unci
- 2 žlice granuliranog šećera
- 1 žličica ekstrakta vanilije

UPUTE:
a) Zagrijte pećnicu na 325F. Obložite dno kalupa od 9 inča papirom za pečenje i ostavite sa strane.
b) U srednjoj zdjeli pomiješajte sve sastojke za koru i miješajte dok ne postane ravnomjerno vlažno.
c) Premjestite u pripremljenu tavu i upotrijebite stražnju stranu žlice ili mjerne posude kako biste je čvrsto stisnuli na dno. Staviti na stranu.
d) Koristeći ručnu električnu miješalicu ili stalnu miješalicu opremljenu nastavkom s lopaticom, tucite krem sir srednjom/velikom brzinom dok ne postane pjenast, 2-3 minute.
e) Dodajte ½ šalice šećera i nastavite miksati još 2 minute.
f) Dodajte 5 unci džema od ube i ¾ šalice kiselog vrhnja. Tucite dok ne postane glatko i sjedinjeno. Pazite da razlomite sve komadiće pekmeza ube.
g) Dodajte 1 žličicu ekstrakta vanilije i 3 žličice ekstrakta ube i miješajte dok se ne sjedini. Kušajte svoje tijesto i odlučite je li vam slatkoća u redu. Dodajte šećer po 1 žlicu po potrebi.

h) Dodajte jedno po jedno jaje, muteći svako dok se ne sjedini. Ne zaboravite ostrugati dno i stranice svoje zdjele kako biste bili sigurni da ste dobili svaki inč tijesta.

i) Ulijte tijesto u posudu i nježno tapkajte po plohi. Stavite posudu na srednju rešetku pećnice. Na donju rešetku stavite posudu za pečenje napunjenu vrućom vodom.

j) Pecite 30 minuta na 325F zatim smanjite temperaturu pećnice na 300F i pecite još 30 minuta ili dok se ne stegne.

k) Isključite pećnicu i lagano otvorite vrata pećnice ali ostavite kolač od sira unutra još sat vremena kako bi se postupno ohladio.

l) Izvadite kolač od sira iz pećnice i tankim, oštrim nožem pređite po rubovima kako biste odvojili kolač od kalupa. Ipak nemojte kolač vaditi iz kalupa. Možete ga staviti ravno u hladnjak da se ohladi 6-8 sati, najbolje preko noći.

m) Kada ste spremni za posluživanje, pripremite šlag od kokosa tako što ćete ohlađenu limenku izvaditi iz hladnjaka i izvaditi čvrste dijelove u malu zdjelu.

n) Dodajte 2 žlice šećera i 1 žličicu ekstrakta vanilije i tucite dok ne postane čvrsta.

o) Za posluživanje kolača od sira, prelijte ga komadom šlaga od kokosa i pospite nasjeckanim kokosom.

ŠETKE I KVADRATNICI

34. Kolačići od jogurta i jagoda

SASTOJCI:
- 2 šalice mrvica biljojed krekera
- ½ šalice neslanog maslaca, otopljenog
- 3 šalice smrznutih jagoda, odmrznutih
- ¼ šalice granuliranog šećera
- 2 šalice jogurta od vanilije
- Šlag, za posluživanje

UPUTE:

a) U zdjeli za miješanje pomiješajte mrvice biljojed krekera i otopljeni maslac. Utisnite smjesu na dno posude za pečenje 9x9 inča kako biste formirali koricu.

b) U blenderu izmiksajte odmrznute jagode dok ne postanu glatke. Dodajte šećer i ponovno miksajte dok se dobro ne sjedini.

c) U posebnoj zdjeli pomiješajte pire od jagoda s jogurtom od vanilije dok se dobro ne sjedini.

d) Prelijte smjesu jagoda i jogurta preko kore biljojed krekera u posudi za pečenje.

e) Zagladite vrh lopaticom i pokrijte posudu plastičnom folijom.

f) Stavite posudu u zamrzivač na najmanje 4 sata ili dok se ne stegne.

g) Za posluživanje izrežite smrznuti kolač na kvadrate i na svaki kvadratić stavite malo tučenog vrhnja.

35. Borovnica lavanda hrskavica od brusnice

SASTOJCI:
- 3 šalice borovnica
- 1 šalica brusnica
- ½ žličice svježih cvjetova lavande
- ¾ šalice šećera
- 1½ šalice zdrobljenih biljojed krekera
- ½ šalice smeđeg šećera
- ½ šalice otopljenog maslaca
- ½ šalice narezanih badema

UPUTE:
a) Zagrijte pećnicu na 350 stupnjeva F.
b) Pomiješajte borovnice, brusnice, cvjetove lavande i šećer.
c) Dobro izmiješajte i izlijte u tepsiju veličine 8 x 8 inča.
d) Pomiješajte mljevene krekere, smeđi šećer, otopljeni maslac i narezane bademe.
e) Izmrvite po vrhu nadjeva.
f) Pecite 20 do 25 minuta, dok nadjev ne postane mjehurić.
g) Ohladite najmanje 15 minuta prije posluživanja.

36. Cappuccino Nanaimo zabranitiovi

SASTOJCI:
ZA DONJI SLOJ:
- ½ šalice neslanog maslaca
- ⅓ šalice nezaslađenog kakaa u prahu
- ¼ šalice granuliranog šećera
- 1 jaje, lagano tučeno
- 1½ šalice mrvica biljojed krekera
- 1 šalica naribanog kokosa
- ½ šalice oraha, sitno nasjeckanih
- 2 žlice mlijeka

ZA SREDNJI SLOJ (PUNJENJE):
- 3 žlice neslanog maslaca
- 2 žličice instant espresso praha (ili granula kave)
- ½ žličice vanilije
- 2 šalice šećera u prahu (šećer u prahu)

ZA GORNJI SLOJ (PRELJEV):
- 4 unce poluslatke čokolade, grubo nasjeckane
- 1 žlica neslanog maslaca
- ½ žličice instant espresso praha

UPUTE:
PRIPREMITE DONJI SLOJ:
a) U teškoj posudi za umake pomiješajte maslac, kakao, granulirani šećer i lagano tučeno jaje. Kuhajte na laganoj vatri uz miješanje dok se maslac ne otopi.
b) Uklonite lonac s vatre i umiješajte mrvice biljojed krekera, nasjeckani kokos, orahe i mlijeko. Miješajte dok se dobro ne sjedini.
c) Ovu smjesu ravnomjerno utisnite u podmazan četvrtasti kalup za tortu od 9 inča.
d) Pecite u prethodno zagrijanoj pećnici na 350°F (180°C) 10-12 minuta ili dok podloga ne postane čvrsta.
e) Pustite da se podloga potpuno ohladi na rešetki.

PRIPREMITI SREDNJI SLOJ (NADJEV):
f) U malom loncu zagrijte mlijeko, 3 žlice maslaca, instant espresso prah i vaniliju na laganoj vatri dok se maslac ne otopi, a espresso prah otopi.
g) Ovu smjesu prebacite u zdjelu za miješanje i ostavite da se ohladi.
h) Tucite šećer u prahu dok se smjesa ne zgusne i postane glatka.
i) Ovaj fil ravnomjerno rasporediti po ohlađenoj podlozi.
j) Ostavite u hladnjaku oko 45 minuta ili dok se nadjev ne stegne.
k) Pripremite gornji sloj (preljev):
l) Na vrhu parnog kotla iznad vruće (ne kipuće) vode otopite zajedno poluslatku čokoladu, 1 žlicu maslaca i ½ žličice instant espresso kave u prahu.
m) Nakon što se otopi i postane glatka, ovu čokoladnu smjesu ravnomjerno rasporedite po sloju punjenja.

ZAVRŠNI KORACI:
n) Oštrim nožem zarežite gornji sloj čokolade na pločice. To olakšava kasnije rezanje.
o) Stavite štanglice u hladnjak dok se gornji sloj ne stegne.
p) Izrežite na ploške duž zarezanih linija.
a) Prije posluživanja pospite šećerom u prahu.

37. Snickers Smrznuti Kolač od sira pločice

SASTOJCI:
- 1 ½ šalice zdrobljenih biljojed krekera
- ¼ šalice neslanog maslaca, otopljenog
- 16 unci krem sira, omekšalog
- ½ šalice šećera u prahu
- 1 šalica šlaga
- ½ šalice nasjeckanih Snickers pločica
- 2 žlice karamel umaka
- 2 žlice čokoladnog umaka

UPUTE:
a) U zdjeli pomiješajte zdrobljene biljojed krekere i otopljeni maslac.
b) Smjesu utisnite na dno posude za pečenje da napravite koricu.
c) U posebnoj posudi za miješanje izmiksajte krem sir i šećer u prahu dok smjesa ne postane glatka.
d) Umiješajte šlag.
e) Umiješajte nasjeckane Snickers pločice.
f) Preko kore rasporedite smjesu od krem sira.
g) Prelijte karamel umakom i čokoladnim umakom po vrhu.
h) Zamrznite najmanje 4 sata ili dok se ne stegne.
i) Prije posluživanja narežite na štanglice.

38. Limoncello kvadrati s lavandom

SASTOJCI:
ZA KORE:
- 1 ½ šalice mrvica biljojed krekera
- ¼ šalice granuliranog šećera
- ½ šalice neslanog maslaca, otopljenog

ZA NADJEV:
- 2 šalice zaslađenog kondenziranog mlijeka
- ½ šalice svježeg soka od limuna
- ¼ šalice Limoncello likera
- 2 žličice suhih cvjetova lavande

UPUTE:
a) Zagrijte pećnicu na 350°F (175°C). Namastite tepsiju veličine 9x9 inča.
b) U zdjeli za miješanje pomiješajte mrvice biljojed krekera, granulirani šećer i otopljeni maslac. Miješajte dok se mrvice ravnomjerno ne prekriju.
c) Utisnite smjesu od mrvica na dno pripremljene posude za pečenje kako biste oblikovali koricu.
d) Koru pecite u zagrijanoj pećnici 10 minuta. Izvadite iz pećnice i ostavite da se ohladi.
e) U posebnoj zdjeli za miješanje pomiješajte zaslađeno kondenzirano mlijeko, limunov sok, Limoncello liker i suhe cvjetove lavande dok se dobro ne sjedine.
f) Smjesu za fil preliti preko ohlađene kore i ravnomjerno rasporediti.
g) Vratite posudu u pećnicu i pecite još 15 minuta.
h) Izvadite iz pećnice i ostavite da se ohladi na sobnoj temperaturi.
i) Posudu ostaviti u hladnjaku najmanje 2 sata, odnosno dok se nadjev ne stegne.
j) Izrežite na kvadrate i poslužite divne Limoncello kvadrate s lavandom.

39.Kutija za ručak Čokoladne pločice

SASTOJCI:
- 1 šalica neslanog maslaca
- 2 šalice mrvica biljojed krekera
- 1 šalica naribanog kokosa
- 1 šalica komadića čokolade
- 1 šalica nasjeckanih orašastih plodova (po želji)
- 1 limenka zaslađenog kondenziranog mlijeka

UPUTE:
a) Zagrijte pećnicu na 350°F (175°C) i namastite posudu za pečenje.
b) Otopite maslac u loncu na laganoj vatri.
c) U zdjeli za miješanje pomiješajte mrvice biljojed krekera, kokos, komadiće čokolade i orahe (ako ih koristite).
d) Otopljeni maslac prelijte preko suhih sastojaka i miješajte dok se dobro ne sjedine.
e) Smjesu ravnomjerno utisnite u namašćenu posudu za pečenje.
f) Prelijte zaslađeno kondenzirano mlijeko po vrhu, ravnomjerno ga rasporedite.
g) Pecite u prethodno zagrijanoj pećnici 25-30 minuta, odnosno dok ne porumene.
h) Ostavite da se potpuno ohladi prije rezanja na štanglice.

40. Kutija za ručak S'mores zabranitiovi

SASTOJCI:

- 2 šalice mrvica biljojed krekera
- ½ šalice neslanog maslaca, otopljenog
- ¼ šalice granuliranog šećera
- 2 šalice mini marshmallowa
- 2 šalice komadića mliječne čokolade
- ½ šalice kondenziranog mlijeka
- 1 žličica ekstrakta vanilije

UPUTE:

a) Zagrijte pećnicu na 350°F (175°C). Namastite ili obložite pleh veličine 9x9 inča papirom za pečenje.

b) U zdjeli pomiješajte mrvice biljojed krekera, otopljeni maslac i granulirani šećer. Miješajte dok smjesa ne nalikuje grubim mrvicama i dobro se sjedini.

c) Smjesu biljojed krekera ravnomjerno utisnite u dno pripremljene posude za pečenje, stvarajući čvrstu i kompaktnu koricu.

d) Ravnomjerno pospite mini marshmallow kolačiće preko kore biljojed krekera. Zatim po marshmallow kolačićima pospite komadiće čokolade.

e) U maloj zdjeli pomiješajte kondenzirano mlijeko i ekstrakt vanilije dok se dobro ne sjedine. Pokapajte mješavinu kondenziranog mlijeka preko marshmallow kolačića i komadića čokolade, osiguravajući ravnomjernu pokrivenost.

f) Stavite pleh u prethodno zagrijanu pećnicu i pecite oko 25-30 minuta, ili dok marshmallows ne dobije zlatnosmeđu boju, a čokolada se otopi i postane mjehurićasta.

g) Izvadite pleh iz pećnice i ostavite da se potpuno ohladi. Nakon što se ohlade, pažljivo izvadite štanglice iz kalupa pomoću papira za pečenje i stavite ih na dasku za rezanje. Izrežite na kvadrate ili šipke željene veličine.

h) Poslužite i uživajte

41.Mimosa Kolač od sira pločice

SASTOJCI:
ZA KORE:
- 1 ½ šalice mrvica biljojed krekera
- ¼ šalice granuliranog šećera
- ½ šalice neslanog maslaca, otopljenog

ZA NADJEV ZA KOLAČ OD SIRA:
- 16 unci krem sira, omekšalog
- 1 šalica granuliranog šećera
- ¼ šalice kiselog vrhnja
- ¼ šalice šampanjca
- ¼ šalice svježeg soka od naranče
- 1 žlica narančine korice
- 3 velika jaja
- 1 žličica ekstrakta vanilije

UPUTE:
a) Zagrijte pećnicu na 325°F (160°C) i obložite tepsiju veličine 9x9 inča papirom za pečenje, ostavljajući prepust sa strane.
b) U srednjoj zdjeli pomiješajte mrvice biljojed krekera, granulirani šećer i otopljeni maslac.
c) Smjesu utisnite na dno pripremljene posude za pečenje da napravite koricu.
d) U velikoj zdjeli za miješanje tucite omekšali krem sir i granulirani šećer dok ne postanu glatki i kremasti.
e) Dodajte kiselo vrhnje, šampanjac, svježi narančin sok i narančinu koricu, miješajući dok se dobro ne sjedini.
f) Umutite jaja, jedno po jedno, zatim dodajte ekstrakt vanilije i miksajte dok smjesa ne postane glatka.
g) Fil za čizkejk preliti preko kore u tepsiji.
h) Pecite u prethodno zagrijanoj pećnici 40-45 minuta ili dok se rubovi ne postave, a sredina malo zadrhti.
i) Ostavite pločice za kolač od sira da se potpuno ohlade u kalupu, a zatim ih stavite u hladnjak na najmanje 4 sata prije rezanja na kvadrate i posluživanja.

42. Mac and Sir Kolač od sira pločice

SASTOJCI:
- 2 šalice zdrobljenih biljojed krekera
- ½ šalice otopljenog maslaca
- 2 šalice kuhanih makarona
- 16 unci krem sira, omekšalog
- ½ šalice granuliranog šećera
- 2 velika jaja
- 1 žličica ekstrakta vanilije
- Dodaci po želji: konzervirano voće, čokoladni umak, šlag

UPUTE:
a) Zagrijte pećnicu na 325°F (163°C) i obložite posudu za pečenje papirom za pečenje.
b) U zdjeli za miješanje pomiješajte zdrobljene biljojed krekere i otopljeni maslac. Smjesu utisnite na dno obložene posude za pečenje da napravite koricu.
c) U posebnoj zdjeli izmiksajte krem sir i granulirani šećer dok ne postanu glatki i kremasti.
d) Dodajte jaja, jedno po jedno, dobro tučeći nakon svakog dodavanja. Umiješajte ekstrakt vanilije.
e) Umiješajte kuhane makarone dok se ravnomjerno ne raspodijele u smjesu od krem sira.
f) Prelijte smjesu macina i sira preko pripremljene kore u posudi za pečenje, ravnomjerno je rasporedite.
g) Pecite 35-40 minuta ili dok se rubovi ne učvrste, a sredina ne postane lagano drhtava.
h) Izvadite iz pećnice i ostavite da se potpuno ohladi. Zatim ostavite u hladnjaku najmanje 4 sata ili preko noći.
i) Ohlađeno narežite na štanglice i poslužite. Po želji prelijte konzerviranim voćem, čokoladnim umakom ili šlagom.

43. Piña Colada Kolač od sira pločice

SASTOJCI:
- 2 šalice mrvica biljojed krekera
- 1/2 šalice neslanog maslaca, otopljenog
- 3 žlice granuliranog šećera
- 16 unci krem sira, omekšalog
- 1 šalica granuliranog šećera
- 1/4 šalice soka od ananasa
- 1/4 šalice kokosovog mlijeka
- 1/4 šalice naribanog kokosa
- 4 jaja
- 1/2 šalice komadića ananasa

UPUTE:
a) Zagrijte pećnicu na 350°F.
b) U zdjeli za miješanje pomiješajte mrvice biljojed krekera, otopljeni maslac i 3 žlice šećera.
c) Utisnite smjesu u podmazanu posudu za pečenje 9x13 inča.
d) U zasebnoj zdjeli za miješanje izmiksajte krem sir i 1 šalicu šećera dok ne postane glatko.
e) Dodajte sok od ananasa, kokosovo mlijeko i nasjeckani kokos u zdjelu za miješanje i miješajte dok se dobro ne sjedini.
f) Dodajte jaja u zdjelu za miješanje, jedno po jedno, i miješajte dok se dobro ne sjedine.
g) Smjesu preliti preko kore u tepsiji.
h) Na vrh smjese stavite komadiće ananasa.
i) Pecite 35-40 minuta, dok se kolač od sira ne stegne.
j) Ostavite kolač od sira da se ohladi prije rezanja na štanglice.

44.Tiramisu proteinske pločice

SASTOJCI:
BAZA:
- ⅓ šalice zobenog brašna
- 1 list Biljojed krekera, drobljeni
- ½ mjerice proteinskog praha vanilije
- ½ mjerice proteinskog praha bez okusa
- 2 žlice kokosovog brašna
- ¼ šalice nezaslađenog bademovog mlijeka

KARAMELA OD KAVE:
- 2 žlice maslaca od kikirikija u prahu
- 1 žlica + 1 žličica maslaca od indijskih oraščića
- 1½ žlice proteinskog praha vanilije
- 1½ žlice proteinskog praha bez okusa
- 1½ čajna žličica instant kave
- ¾ žlice javorovog sirupa
- ¾ žlice vode
- ⅛ žličice ekstrakta vanilije

KREMASTI SIR:
- 6 žlica nemasnog grčkog jogurta
- 3 unce krem sira sa smanjenom masnoćom
- ½ mjerice proteina vanilije u prahu, sirutke i kazeina
- 2 žlice kokosovog brašna
- Kakao prah za posipanje

UPUTE:
a) Obložite kalup za pečenje papirom za pečenje; ostavite prevjes koji ćete kasnije podići.
b) Zagrijte pećnicu na 350°F.

BAZA:
a) U procesoru hrane pomiješajte zobeno brašno, zdrobljeni biljojed kreker, proteinski prah vanilije, proteinski prah bez okusa i kokosovo brašno.
b) Prebacite u zdjelu, dodajte bademovo mlijeko i promiješajte.
c) Smjesa treba biti gusta ali malo ljepljiva kao tijesto.
d) Prebacite u pripremljenu posudu i pritisnite.
e) Pecite 10 minuta, zatim ostavite da se ohladi oko 10 minuta:

KARAMELA OD KAVE:
a) U istoj zdjeli pomiješajte maslac od kikirikija u prahu, maslac od badema, proteinski prah vanilije, proteinski prah bez okusa, instant kavu, javorov sirup, vodu i vaniliju.
b) Rasporedite po osnovnom sloju i zagladite stražnjom stranom žlice.

PROTEINSKI KREM SIR:
a) U zdjeli pomiješajte omekšali krem sir, grčki jogurt, proteinski prah i kokosovo brašno.
b) Rasporedite po bazi.
c) Premjestite u zamrzivač da se ohladi oko 5-10 minuta.
d) Pospite kakaom u prahu, izrežite na 8 kriški i poslužite.

45. Leptir Grašak Kolač od sira Trgovi

SASTOJCI:
NADJEV OD CVIJETA LEPTIR GRAŠKA:
- 1 šalica sirovih indijskih oraščića
- 1 šalica vode
- Limenka kokosovog vrhnja od 5,4 unce
- 1 žličica vanilije
- 1 žlica + 1 žličica suhih cvjetova graška
- 3 žlice nektara agave

KORE OD BILJOJED KREKERA:
- 1 ½ šalice mrvica biljojed krekera
- 5 žlica otopljenog kokosovog ulja

UKRASITI:
- ½ šalice borovnica, svježih ili smrznutih

UPUTE:
a) Indijske oraščiće stavite u posudu i prelijte vodom. Ostavite da se namače na sobnoj temperaturi 1 sat,
b) Ocijedite vodu.
c) Stavite namočene, ocijeđene indijske oraščiće u blender ili posudu za obradu hrane. Dodajte kokosovo vrhnje, vaniliju, cvjetove leptirastog graška i nektar agave. Procesirajte dok ne postane glatko i kremasto. Staviti na stranu.
d) Za pripremu kore od biljojed krekera: Stavite kvadrate biljojed krekera u blender i miksajte dok ne postanu mrvice.
e) Stavite mrvice biljojed krekera u zdjelu za miješanje. Dodajte otopljeno kokosovo ulje i dobro promiješajte.
f) Obložite posudu za pečenje 9 x 9 inča papirom za pečenje.
g) Pritisnite koru od mrvica biljojed krekera na dno posude.
h) Žlicom nanesite nadjev i razmažite ga lopaticom da dobijete glatku, ravnu površinu.
i) Pokrijte i stavite u zamrzivač oko 2 sata prije posluživanja.
j) Narežite na 16 kvadrata. Stavite na pladanj i ukrasite borovnicama. Poslužite odmah. Može poslužiti smrznuto ili malo odmrznuto.

46.Trag Kolačići

SASTOJCI:
- ½ šalice biljojed krekera, zdrobljenih
- 1 žlica mlijeka u prahu
- 2 žlice nasjeckanih oraha
- 2 unce komadića čokolade

UPUTE:
a) Kod kuće: Spakirajte biljojed krekere i orahe u jednu vrećicu. U posebnoj vrećici pomiješajte mlijeko i čips.
b) U kampu: dodajte 2 žlice kipuće vode u smjesu mlijeka/čipsa i miješajte dok se ne rastopi.
c) Brzo umiješajte smjesu krekera/orašastih plodova i ostavite da se ohladi.

47. S'mores zabranitiovi

SASTOJCI:
- ½ šalice neslanog maslaca, otopljenog
- ½ šalice smeđeg šećera
- 1 jaje
- 1 žličica ekstrakta vanilije
- 1 šalica višenamjenskog brašna
- ½ žličice praška za pecivo
- ¼ žličice soli
- 1 šalica mini marshmallowa
- ½ šalice komadića čokolade
- ½ šalice mrvica biljojed krekera

UPUTE:
a) Zagrijte pećnicu na 350°F (175°C).
b) U velikoj zdjeli pjenasto izmiješajte otopljeni maslac i smeđi šećer.
c) Dodajte jaje i ekstrakt vanilije i miješajte dok ne postane glatko.
d) U posebnoj zdjeli pomiješajte brašno, prašak za pecivo i sol.
e) Dodajte smjesu brašna u mokru smjesu i miješajte dok se ne sjedini.
f) Umiješajte marshmallow kolačiće, komadiće čokolade i mrvice biljojed krekera.
g) Izlijte tijesto u podmazanu posudu za pečenje 9x9 inča.
h) Pecite 25-30 minuta ili dok čačkalica zabodena u sredinu ne izađe čista.
i) Ostavite da se ohladi prije rezanja na štanglice i posluživanja.

48. Kampiranje Trag Kolačići

SASTOJCI:
- ½ šalice biljojed krekera, zdrobljenih
- 1 žlica mlijeka u prahu
- 2 žlice nasjeckanih oraha
- 2 unce komadića čokolade

UPUTE:
a) Kod kuće: Spakirajte biljojed krekere i orahe u jednu vrećicu. U posebnoj vrećici pomiješajte mlijeko i čips.
b) U kampu: dodajte 2 žlice kipuće vode u smjesu mlijeka/čipsa i miješajte dok se ne rastopi.
c) Brzo umiješajte smjesu krekera/orašastih plodova i ostavite da se ohladi. Kladim se da neće biti ostataka!

49. Yuzu zabranitiovi za pitu

SASTOJCI:
- 1,5 šalica mrvica biljojed krekera
- 4 žlice otopljenog maslaca
- 1 prstohvat soli
- 1/2 šalice yuzu soka
- 1 limenka od 14 oz zaslađenog kondenziranog mlijeka
- 4 žumanjka
- 1 šalica jakog vrhnja za šlag
- 2 žlice šećera

UPUTE:
a) Zagrijte pećnicu na 350 stupnjeva.
b) Pomiješajte otopljeni maslac, sol i mrvice biljojed krekera tako da podsjećaju na mokri pijesak.
c) Utisnite mrvice na dno namašćene i obložene posude za pečenje 8×8" kako biste oblikovali koricu. Pecite otprilike 10 minuta dok sastavljate nadjev.
d) U velikoj zdjeli pomiješajte yuzu sok, zaslađeno kondenzirano mlijeko i žumanjke.
e) Ulijte smjesu u posudu za pečenje na koru biljojed krekera. Lagano razvucite nadjev dok ne dosegne sva četiri ugla. Pecite 15 minuta ili dok se nadjev ne stegne.
f) Pustite da se štanglice za pitu ohlade prije nego što napravite preljev od šlaga.
g) Tucite vrhnje za šlag i šećer dok ne postignete čvrsti vrh. Premažite na ohlađenu pitu i izrežite na kvadrate za posluživanje.

50. Nutella Smores

SASTOJCI:
- 4 cijela biljojed krekera, razlomljena na dvije četvrtaste polovice
- 2 žlice Nutelle
- 2 žlice marshmallow kreme

UPUTE:
a) Na četiri polovice biljojed krekera stavite pola žličice namaza od lješnjaka, a na preostale 3 polovice krekera pola žličice marshmallow kreme.
b) Sada uzmite jednu polovicu marshmallowa i jednu polovicu namaza od lješnjaka i pritisnite zajedno.
c) Učinite to za sve krekere kako biste dobili više kompleta i poslužili.

DESERI BEZ PEČENJA

51.Kolač s kremom bez pečenja

SASTOJCI:
- 2 šalice mrvica biljojed krekera
- ½ šalice neslanog maslaca, otopljenog
- 2 pakiranja (8 unci) krem sira, omekšalog
- 1 šalica šećera u prahu
- 1 žličica ekstrakta vanilije
- 1 šalica tučenog vrhnja
- 1 (21 unca) limenka nadjeva za pitu od višanja

UPUTE:
a) U srednjoj zdjeli pomiješajte mrvice biljojed krekera i rastopljeni maslac. Miješajte dok se mrvice ravnomjerno ne prekriju maslacem.
b) Utisnite smjesu od mrvica na dno kalupa od 9 inča, stvarajući ravnomjeran sloj. Tepsiju staviti u frižider da se ohladi dok pripremate nadjev.
c) U velikoj zdjeli za miješanje tucite krem sir dok ne postane glatko i kremasto.
d) Dodajte šećer u prahu i ekstrakt vanilije u krem sir i nastavite mutiti dok se dobro ne sjedini.
e) Nježno umiješajte šlag.
f) Ohlađenu koru u kalupu prelijte smjesom od krem sira i ravnomjerno rasporedite.
g) Žlicom stavite nadjev za pitu od višanja na smjesu od krem sira, rasporedite ga tako da napravite sloj.
h) Pokrijte posudu plastičnom folijom i ostavite u hladnjaku najmanje 4 sata ili preko noći da se stegne.

52.Kolač od manga i kokosa bez pečenja

SASTOJCI:
- 2 šalice mrvica biljojed krekera
- 1 šalica nezaslađenog naribanog kokosa
- 1 šalica pirea od manga
- 1 šalica šlaga
- ½ šalice kondenziranog mlijeka
- ¼ šalice otopljenog maslaca
- Kriške svježeg manga za ukras

UPUTE:
a) U zdjeli za miješanje pomiješajte mrvice biljojed krekera, nasjeckani kokos i otopljeni maslac. Miješajte dok se mrvice ne prekriju.
b) Utisnite polovicu smjese od mrvica na dno okruglog kalupa za tortu ili kalupa za torte kako biste napravili koricu.
c) U posebnoj zdjeli pomiješajte pire od manga i kondenzirano mlijeko dok se dobro ne sjedine.
d) Umiješajte šlag u smjesu manga dok ne postane glatka.
e) Prelijte smjesu manga preko kore u kalupu za tortu.
f) Po vrhu pospite preostalu smjesu mrvica kao ukras.
g) Ostavite u hladnjaku najmanje 4 sata ili dok se ne stegne.
h) Prije posluživanja ukrasite svježim kriškama manga.

53.Kolač od limunade od jagoda bez pečenja

SASTOJCI:
- 2 šalice mrvica biljojed krekera
- 1 šalica otopljenog maslaca
- 1 šalica pirea od jagoda
- 1 šalica šlaga
- ½ šalice šećera u prahu
- Korica od 2 limuna
- Svježe jagode za ukras

UPUTE:
a) U zdjeli za miješanje pomiješajte mrvice biljojed krekera i otopljeni maslac. Miješajte dok se mrvice ne prekriju.
b) Utisnite polovicu smjese od mrvica na dno okruglog kalupa za tortu ili kalupa za torte kako biste napravili koricu.
c) U posebnoj zdjeli pomiješajte pire od jagoda, šlag, šećer u prahu i limunovu koricu dok se dobro ne sjedine.
d) Smjesu od jagoda preliti preko kore u kalupu za tortu.
e) Ravnomjerno rasporedite smjesu i zagladite vrh.
f) Ostavite u hladnjaku najmanje 4 sata ili dok se ne stegne.
g) Prije posluživanja ukrasite svježim jagodama.

54. Pločice s malinom i limunom bez pečenja

SASTOJCI:

- 2 šalice mrvica biljojed krekera
- ½ šalice otopljenog maslaca
- 16 oz krem sira, omekšali
- 1 šalica šećera u prahu
- Korica od 2 limuna
- 1 šalica konzerviranih malina
- Svježe maline za ukras

UPUTE:

a) U zdjeli za miješanje pomiješajte mrvice biljojed krekera i otopljeni maslac. Miješajte dok se mrvice ne prekriju.

b) Utisnite smjesu od mrvica na dno pravokutne posude za pečenje kako biste stvorili koricu.

c) U posebnoj zdjeli izmiksajte krem sir, šećer u prahu i koricu limuna dok ne postane glatko i kremasto.

d) Smjesu krem sira premažite preko kore u tepsiji.

e) Preko sloja krem sira stavljajte žlice konzervi od malina i lagano vrtite nožem.

f) Ostavite u hladnjaku najmanje 4 sata ili dok se ne stegne.

g) Prije posluživanja ukrasite svježim malinama.

55. Voćni kolač bez pečenja

SASTOJCI:
- 2 šalice miješanog suhog voća (kao što su grožđice, brusnice, nasjeckane datulje i marelice)
- ½ šalice neslanog maslaca
- ½ šalice smeđeg šećera
- ½ šalice soka od jabuke ili naranče
- 2 šalice zdrobljenih biljojed krekera ili vafla od vanilije
- ½ šalice nasjeckanih orašastih plodova (kao što su orasi ili bademi)
- ½ šalice naribanog kokosa
- 1 žličica mljevenog cimeta
- ½ žličice mljevenog muškatnog oraščića
- ¼ žličice mljevenog klinčića
- ¼ žličice soli
- ½ šalice šećera u prahu (za posipanje)

UPUTE:
a) U loncu pomiješajte miješano sušeno voće, maslac, smeđi šećer i sok od jabuke ili naranče.
b) Pustite smjesu da zakipi na srednjoj vatri uz stalno miješanje.
c) Smanjite vatru i kuhajte 5 minuta uz povremeno miješanje.
d) Maknite lonac s vatre i ostavite smjesu da se ohladi nekoliko minuta.
e) U velikoj zdjeli za miješanje pomiješajte zdrobljene biljojed krekere ili vafle od vanilije, nasjeckane orahe, nasjeckani kokos, mljeveni cimet, mljeveni muškatni oraščić, mljevene klinčiće i sol.
f) Ohlađenu voćnu smjesu prelijte preko mješavine suhih sastojaka. Miješajte dok se dobro ne sjedini.
g) Obložite kalup za kruh ili tortu plastičnom folijom ili papirom za pečenje, ostavljajući nešto viška da visi sa stranica.
h) Premjestite smjesu za voćni kolač u pripremljeni kalup, čvrsto ga pritiskajući.
i) Presavijte višak plastične folije ili papira za pečenje preko vrha torte.
j) Ohladite voćni kolač najmanje 4 sata ili preko noći.
k) Prije posluživanja kolač izvadite iz kalupa i pospite šećerom u prahu.
l) Narežite i uživajte u ovom vlažnom i ukusnom voćnom kolaču koji se ne peče!

56. Kolač od sedam slojeva bez pečenja

SASTOJCI:
- 1 paket biljojed krekera
- 1 šalica neslanog maslaca, otopljenog
- 1 šalica naribanog kokosa
- 1 šalica nasjeckanih orašastih plodova (npr. orasi, pekan orasi)
- 1 šalica komadića čokolade
- 1 šalica čipsa od maslaca
- 1 šalica zaslađenog kondenziranog mlijeka

UPUTE:
a) Dno pravokutne posude obložite biljojed krekerima.
b) U zdjeli pomiješajte rastopljeni maslac, naribani kokos, nasjeckane orahe, komadiće čokolade, komadiće maslaca i zaslađeno kondenzirano mlijeko dok se dobro ne sjedine.
c) Premažite sloj smjese preko biljojed krekera.
d) Ponovite slojeve biljojed krekera i smjese dok ne iskoristite sve sastojke, a završite slojem smjese na vrhu.
e) Ostavite u hladnjaku najmanje 4 sata ili preko noći da se kolač stegne.

57.Pita od borovnica bez pečenja

SASTOJCI:

- 1 pripremljena kora od biljojed krekera
- 4 šalice svježih borovnica
- ½ šalice granuliranog šećera
- ¼ šalice kukuruznog škroba
- ¼ žličice soli
- 1 žlica soka od limuna
- Šlag ili sladoled od vanilije (po želji, za posluživanje)

UPUTE:

a) U loncu pomiješajte 2 šalice borovnica, šećer, kukuruzni škrob, sol i limunov sok.
b) Kuhajte na srednjoj vatri uz često miješanje dok se smjesa ne zgusne i borovnice ne popucaju puštajući sok.
c) Maknite s vatre i ostavite smjesu da se ohladi nekoliko minuta.
d) Umiješajte preostale 2 šalice svježih borovnica.
e) Ulijte nadjev od borovnica u pripremljenu koru biljojed krekera, ravnomjerno ga rasporedite.
f) Stavite pitu u hladnjak na najmanje 2-3 sata ili dok se ne stegne.
g) Poslužite ohlađeno, po želji preliveno šlagom ili sladoledom od vanilije.

58.Pita od breskvi bez pečenja

SASTOJCI:
- 1 pripremljena kora od biljojed krekera
- 4 šalice svježih breskvi, oguljenih i narezanih
- ½ šalice granuliranog šećera
- 2 žlice kukuruznog škroba
- ¼ žličice mljevenog cimeta
- Šlag ili sladoled od vanilije (po želji, za posluživanje)

UPUTE:
a) U loncu pomiješajte narezane breskve, šećer, kukuruzni škrob i mljeveni cimet.
b) Kuhajte na srednjoj vatri uz često miješanje dok se smjesa ne zgusne, a breskve omekšaju.
c) Maknite s vatre i ostavite da se nadjev od breskvi ohladi nekoliko minuta.
d) Ulijte nadjev od breskvi u pripremljenu koru biljojed krekera, ravnomjerno ga rasporedite.
e) Stavite pitu u hladnjak na najmanje 2-3 sata ili dok se ne stegne.
f) Poslužite ohlađeno, po želji preliveno šlagom ili kuglicom sladoleda od vanilije.

59. Pita od bundeve bez pečenja

SASTOJCI:
- 1 pripremljena kora od biljojed krekera
- 1 šalica konzerviranog pirea od bundeve
- ½ šalice granuliranog šećera
- ½ žličice začina za pitu od bundeve
- ¼ žličice soli
- 1 šalica gustog vrhnja
- Šlag za ukras (po želji)

UPUTE:
a) U zdjeli za miješanje pomiješajte konzervirani pire od bundeve, granulirani šećer, začin za pitu od bundeve i sol. Miješajte dok se dobro ne sjedini.
b) U posebnoj zdjeli za miješanje umutite čvrsto vrhnje dok se ne formiraju čvrsti vrhovi.
c) Nježno umiješajte šlag u smjesu od bundeve dok se potpuno ne sjedini.
d) Ulijte nadjev od bundeve u pripremljenu koru biljojed krekera, ravnomjerno ga rasporedite.
e) Stavite pitu u hladnjak na najmanje 2-3 sata ili dok se ne stegne.
f) Poslužite ohlađeno, a po želji ukrasite šlagom.

60. Kremasta pita od jogurta bez pečenja

SASTOJCI:

- 1 ½ šalice mrvica biljojed krekera
- ¼ šalice neslanog maslaca, otopljenog
- 16 oz običnog jogurta ili jogurta od vanilije
- 8 oz krem sira, omekšali
- ½ šalice šećera u prahu
- 1 žličica ekstrakta vanilije
- Svježe voće za preljev (kao što je bobičasto voće, narezane breskve ili kivi)

UPUTE:

a) U zdjeli za miješanje pomiješajte mrvice biljojed krekera i otopljeni maslac. Miješajte dok se mrvice ravnomjerno ne prekriju.

b) Utisnite smjesu na dno podmazane ili obložene posude za pitu od 9 inča kako biste oblikovali koru. Stavite u hladnjak da se ohladi dok pripremate nadjev.

c) U posebnoj zdjeli za miješanje tucite jogurt, krem sir, šećer u prahu i ekstrakt vanilije dok ne postane glatka i kremasta.

d) Nadjev sipati u pripremljenu koru ravnomjerno ga rasporediti.

e) Nadjenite pitu svježim voćem po izboru.

f) Stavite pitu u hladnjak na najmanje 4 sata ili dok se ne stegne.

61. Sladoledna pita bez pečenja

SASTOJCI:
- 2 šalice mrvica kolačića biljojed krekera
- ½ šalice neslanog maslaca, otopljenog
- 1 litra (4 šalice) sladoleda po vašem izboru, omekšanog
- Šlag, čokoladni umak ili karamel umak za preljev

UPUTE:
a) U zdjeli za miješanje pomiješajte mrvice keksa i otopljeni maslac. Miješajte dok se mrvice ravnomjerno ne prekriju.
b) Utisnite smjesu na dno podmazane ili obložene posude za pitu od 9 inča kako biste oblikovali koru. Stavite u hladnjak da se ohladi dok pripremate nadjev.
c) Omekšali sladoled rasporedite preko pripremljene kore, poravnajte je u ravnomjeran sloj.
d) Stavite pitu u zamrzivač i ostavite da se smrzava najmanje 4 sata ili dok se ne stegne.
e) Prije posluživanja po želji ukrasite šlagom, čokoladnim umakom ili karamel umakom.
f) Narežite i uživajte u ovoj hladnoj i osvježavajućoj sladolednoj piti bez pečenja!

62. Kolač od sira od šifona i ananasa bez pečenja

SASTOJCI:

- 1 ½ šalice mrvica biljojed krekera
- ¼ šalice neslanog maslaca, otopljenog
- 8 oz laganog krem sira, omekšalog
- ½ šalice šećera u prahu
- 1 konzerva (20 oz) zdrobljenog ananasa, ocijeđenog
- 1 šalica tučenog preljeva (kao što je Cool Whip ili domaći šlag)

UPUTE:

a) U zdjeli za miješanje pomiješajte mrvice biljojed krekera i otopljeni maslac. Miješajte dok se mrvice ravnomjerno ne prekriju.

b) Utisnite smjesu na dno podmazane ili obložene posude za pitu od 9 inča kako biste oblikovali koru. Stavite u hladnjak da se ohladi dok pripremate nadjev.

c) U posebnoj zdjeli za miješanje tucite svijetli krem sir i šećer u prahu dok ne postane glatko i kremasto.

d) Dodajte ocijeđeni zgnječeni ananas i umućeni preljev dok se dobro ne sjedini.

e) Na pripremljenu koru sipati fil ravnomerno ga rasporediti.

f) Stavite kolač od sira u hladnjak na najmanje 4 sata ili dok se ne stegne.

g) Narežite i uživajte u ovom laganom i osvježavajućem kolaču od sira od ananasa bez pečenja!

63. Philly ljetni kolač od sira bez pečenja

SASTOJCI:

- 2 šalice mrvica biljojed krekera
- ½ šalice neslanog maslaca, otopljenog
- 2 pakiranja (8 unci) krem sira, omekšali
- 1 šalica šećera u prahu
- 1 žličica ekstrakta vanilije
- 1 šalica gustog vrhnja
- ¼ šalice svježeg soka od limuna
- Korica od 1 limuna
- Za preljev svježe bobičasto ili voće po izboru

UPUTE:

a) U srednjoj zdjeli pomiješajte mrvice biljojed krekera i rastopljeni maslac. Miješajte dok se mrvice ravnomjerno ne prekriju maslacem.

b) Utisnite smjesu od mrvica na dno kalupa od 9 inča, stvarajući ravnomjeran sloj. Tepsiju staviti u frižider da se ohladi dok pripremate nadjev.

c) U velikoj zdjeli za miješanje tucite krem sir dok ne postane glatko i kremasto.

d) Dodajte šećer u prahu i ekstrakt vanilije u krem sir i nastavite mutiti dok se dobro ne sjedini i postane pjenasto.

e) U posebnoj zdjeli umutite vrhnje dok se ne formiraju čvrsti vrhovi.

f) Nježno umiješajte šlag u smjesu od krem sira.

g) Dodajte svježi limunov sok i koricu limuna u nadjev i savijajte dok se sve dobro ne sjedini.

h) Izvadite kalup iz hladnjaka i izlijte nadjev preko kore biljojed krekera, zaglađujući vrh lopaticom.

i) Pokrijte posudu plastičnom folijom i ostavite u hladnjaku najmanje 4 sata ili preko noći da se stegne.

j) Prije posluživanja pažljivo uklonite stijenke kalupa.

k) Tortu od sira nadjenite svježim bobičastim ili voćem po izboru.

l) Narežite i poslužite ohlađeno. Uživati!

64. Šifon kolač od marelice bez pečenja

SASTOJCI:
- 2 šalice mrvica biljojed krekera
- ½ šalice neslanog maslaca, otopljenog
- 1 (8 unca) pakiranje krem sira, omekšali
- ½ šalice šećera u prahu
- 1 žličica ekstrakta vanilije
- 1 šalica tučenog vrhnja
- 1 šalica konzerviranih marelica
- 1 žlica želatine
- ¼ šalice vode

UPUTE:
a) Slijedite korake 1-6 iz prethodnog recepta za pripremu kore od biljojed krekera i nadjeva od krem sira.
b) U maloj posudi prikladnoj za mikrovalnu pećnicu pospite želatinu vodom i ostavite 5 minuta da omekša.
c) Stavite smjesu želatine u mikrovalnu oko 20 sekundi ili dok se želatina potpuno ne otopi. Neka se malo ohladi.
d) U posebnoj zdjeli umutite čvrsto vrhnje dok se ne formiraju mekani vrhovi.
e) Nježno umiješajte šlag u smjesu od krem sira.
f) Ohlađenu smjesu želatine postupno ulijevajte u smjesu od krem sira uz neprekidno savijanje.
g) Preko korice biljojed krekera rasporedite marelice.
h) Prelijte smjesu krem sira preko konzervi, ravnomjerno je rasporedite.
i) Pokrijte posudu plastičnom folijom i ostavite u hladnjaku najmanje 4 sata ili preko noći da se stegne.
j) Kada se stegne, uklonite stijenke kalupa i narežite kolač od sira za posluživanje.

65. Torta od svježeg voća bez pečenja

SASTOJCI:
- 1 ½ šalice mrvica biljojed krekera
- ¼ šalice neslanog maslaca, otopljenog
- 8 oz krem sira, omekšali
- ½ šalice šećera u prahu
- 1 žličica ekstrakta vanilije
- Razno svježe voće za preljev
- Voćna glazura ili med za prelijevanje (po želji)

UPUTE:
a) U zdjeli za miješanje pomiješajte mrvice biljojed krekera i otopljeni maslac. Miješajte dok se mrvice ravnomjerno ne prekriju.
b) Pritisnite smjesu na dno podmazane ili obložene posude za tart od 9 inča kako biste formirali koricu. Stavite u hladnjak da se ohladi dok pripremate nadjev.
c) U zasebnoj zdjeli za miješanje, tucite krem sir, šećer u prahu i ekstrakt vanilije dok ne postane glatko i kremasto.
d) Na pripremljenu koru ravnomjerno rasporedite fil od krem sira.
e) Po nadjevu posložite razno svježe voće.
f) Po želji prelijte voćnom glazurom ili medom za dodatnu slatkoću.
g) Ohladite tart najmanje 1 sat ili dok se ne stegne.
h) Narežite i poslužite ovaj živahni i osvježavajući tart od svježeg voća bez pečenja!

66.Tartleti s jagodama bez pečenja

SASTOJCI:
- 1 ½ šalice mrvica biljojed krekera
- ⅓ šalice otopljenog maslaca
- 8 oz krem sira, omekšali
- ½ šalice šećera u prahu
- 1 žličica ekstrakta vanilije
- 1 šalica svježih jagoda, narezanih na ploške

UPUTE:
a) U zdjeli pomiješajte mrvice biljojed krekera i otopljeni maslac dok se dobro ne izmiješaju.
b) Utisnite smjesu od mrvica na dno kalupa za tartlete ili posudice za mini muffine kako biste oblikovali koricu.
c) U posebnoj zdjeli izmiksajte krem sir, šećer u prahu i ekstrakt vanilije dok smjesa ne postane glatka.
d) Žlicom stavljajte smjesu krem sira u kore za tartlete i zagladite vrhove.
e) Pokrijte svaki tartlet svježim kriškama jagoda.
f) Stavite u hladnjak na najmanje 1 sat prije posluživanja.

67.Kolač od limuna bez pečenja

SASTOJCI:
- 1 ½ šalice mrvica biljojed krekera
- ⅓ šalice otopljenog maslaca
- 8 oz krem sira, omekšali
- ½ šalice šećera u prahu
- ¼ šalice svježe iscijeđenog soka od limuna
- 1 žličica limunove korice
- Šlag za preljev (po želji)

UPUTE:
a) U zdjeli pomiješajte mrvice biljojed krekera i otopljeni maslac dok se dobro ne izmiješaju.
b) Utisnite smjesu od mrvica na dno posude za tart kako biste oblikovali koricu.
c) U posebnoj zdjeli izmiksajte krem sir, šećer u prahu, limunov sok i limunovu koricu dok ne postane glatko.
d) Smjesu krem sira rasporedite preko kore u kalupu za tart.
e) Ostavite u hladnjaku najmanje 2 sata da se stegne.
f) Prije posluživanja prelijte šlagom (po želji).

68.Karamel kolač od oraha bez pečenja

SASTOJCI:

- 2 šalice mrvica biljojed krekera
- ½ šalice otopljenog maslaca
- 1 šalica karamel umaka
- 8 oz krem sira, omekšali
- ½ šalice šećera u prahu
- 1 žličica ekstrakta vanilije
- Sjeckani pecan orasi za preljev

UPUTE:

h) U zdjeli pomiješajte mrvice biljojed krekera i otopljeni maslac dok se dobro ne izmiješaju.
i) Utisnite smjesu od mrvica na dno posude za tart kako biste oblikovali koricu.
j) Premažite karamel umak preko kore u kalupu za tart.
k) U posebnoj zdjeli izmiksajte krem sir, šećer u prahu i ekstrakt vanilije dok smjesa ne postane glatka.
l) Rasporedite smjesu krem sira preko sloja karamele.
m) Na vrh stavite nasjeckane pekan orahe.
n) Ostavite u hladnjaku najmanje 2 sata da se stegne.

69.Kiwi Mrviti se bez pečenja

SASTOJCI:
- 4 kivija, oguljena i narezana
- 1 žlica soka od limuna
- ¼ šalice granuliranog šećera
- 1 šalica zdrobljenih biljojed krekera
- ¼ šalice nasjeckanih oraha makadamije
- 2 žlice meda
- 2 žlice neslanog maslaca, otopljenog

UPUTE:
a) U zdjeli pomiješajte kriške kivija s limunovim sokom i granuliranim šećerom dok se dobro ne prekriju.
b) U drugoj zdjeli pomiješajte zdrobljene biljojed krekere, nasjeckane makadamije orahe, med i otopljeni maslac dok ne postanu mrvičasti.
c) Uzmite pojedinačne posude za posluživanje i slojite smjesu kivija nakon čega slijedi smjesa krekera.
d) Ponavljajte slojeve dok ne potrošite sve sastojke, završavajući sa smjesom krekera na vrhu.
e) Ostavite u hladnjaku najmanje 1 sat kako bi se okusi stopili.
f) Poslužite ohlađeno i uživajte u pikantnoj slatkoći kivija!

BILJOJED PITE OD KREKERA

70. Staklenke za kremePita

SASTOJCI:
- 1 funta tamne gorko-slatke belgijske čokolade
- 2 šalice gustog vrhnja za šlag
- 1 šalica Pola-pola
- 10 žumanjaka, lagano tučenih
- Biljojed kreker kora (gotova ili domaća)
- 1-1½ šalice šlaga
- 2-4 žlice narezane čokolade

UPUTE:
a) U posudi za kuhanje na paru pomiješajte čokoladu, čvrsto vrhnje za šlag i pola-pola. Smjesu kuhajte na srednjoj vatri uz povremeno miješanje dok se čokolada potpuno ne otopi i smjesa bude vruća.
b) Maknite kuhalo s vatre i postupno umiješajte lagano tučene žumanjke, jedan po jedan, neprestano miješajući. Pazite da se smjesa ne zgruša. Nastavite miješati dok smjesa ne postane sjajna i zgusnuta.
c) Ostavite smjesu čokoladne kreme da se malo ohladi.
d) Ulijte čokoladnu kremu u pripremljenu koru Biljojed krekera. Možete koristiti već pripremljenu koru ili je napraviti ispočetka.
e) Pustite da se pita ohladi, a zatim je ostavite u hladnjaku preko noći da se stegne.
f) Prije posluživanja pitu prelijte vrhnjem za šlag i pospite čokoladom izrezanom na komadiće.
g) Prijedlozi za posluživanje:
h) Uživajte u ovoj ukusnoj Staklenke za kremePita s ledeno hladnom čašom punomasnog mlijeka za doista uživanje. Također se dobro slaže uz dobru šalicu kave.

71.Snickers Zabraniti pita

SASTOJCI:
- 1 prethodno napravljena kora od biljojed krekera
- 8 Snickers pločica, nasjeckanih
- 1 šalica gustog vrhnja
- 1 šalica mlijeka
- 1 paket smjese za instant puding od vanilije
- Šlag, za preljev

UPUTE:

a) U loncu zagrijte vrhnje i mlijeko na srednjoj vatri dok se ne počnu kuhati na pari.

b) Maknite s vatre i umiješajte smjesu za instant puding dok ne postane glatka i zgusnuta.

c) Umiješajte nasjeckane Snickers pločice dok se malo ne otope i ravnomjerno rasporede.

d) Ulijte smjesu u koru biljojed krekera i ostavite u hladnjaku najmanje 2 sata dok se ne stegne.

e) Poslužite ohlađeno preliveno šlagom.

72.Monster Snickers pita

SASTOJCI:
- 1 ½ šalice zdrobljenih čokoladnih biljojed krekera
- ¼ šalice otopljenog neslanog maslaca
- 2 šalice Snickers bombona, nasjeckanih na male komadiće
- ½ šalice svijetlo smeđeg šećera
- ¼ šalice višenamjenskog brašna
- ¼ žličice soli
- 3 velika jaja
- 1 šalica gustog vrhnja
- ¼ šalice punomasnog mlijeka
- ½ šalice nasjeckanog kikirikija
- ½ šalice starinske zobi
- ¼ šalice otopljene čokolade (po želji, za prelijevanje)

UPUTE:
a) Zagrijte pećnicu na 350°F (175°C).
b) U zdjeli za miješanje pomiješajte zdrobljene čokoladne biljojed krekere i otopljeni maslac dok smjesa ne nalikuje mokrom pijesku. Ravnomjerno utisnite smjesu na dno i gore na strane posude za pite od 9 inča kako biste oblikovali koru.
c) U posebnoj zdjeli pomiješajte nasjeckane Snickers bombone, svijetlo smeđi šećer, brašno i sol.
d) U drugoj posudi umutite jaja, vrhnje i mlijeko dok se dobro ne sjedine.
e) Dodajte smjesu jaja u zdjelu sa Snickers smjesom i miješajte dok se svi sastojci ravnomjerno ne sjedine.
f) Smjesu izliti u pripremljenu koru.
g) U maloj zdjeli pomiješajte nasjeckani kikiriki i staromodnu zob. Smjesu ravnomjerno pospite po vrhu pite.
h) Stavite pitu u zagrijanu pećnicu i pecite oko 35-40 minuta, odnosno dok se nadjev ne stegne i korica ne porumeni.
i) Kad je pečena, izvadite pitu iz pećnice i ostavite da se potpuno ohladi na rešetki.
j) Po želji vrh pite pokapajte otopljenom čokoladom za dodatnu slatkoću.
k) Ostavite pitu u hladnjaku najmanje 2 sata ili dok se ne ohladi i stegne.
l) Narežite i poslužite Monster Snickers pitu i uživajte!

73. Pita od borovnice

SASTOJCI:
- 1 pripremljena kora od biljojed krekera
- 4 šalice svježih borovnica
- ½ šalice granuliranog šećera
- ¼ šalice kukuruznog škroba
- ¼ žličice soli
- 1 žlica soka od limuna
- Šlag ili sladoled od vanilije (po želji, za posluživanje)

UPUTE:
h) U loncu pomiješajte 2 šalice borovnica, šećer, kukuruzni škrob, sol i limunov sok.
i) Kuhajte na srednjoj vatri uz često miješanje dok se smjesa ne zgusne i borovnice ne popucaju puštajući sok.
j) Maknite s vatre i ostavite smjesu da se ohladi nekoliko minuta.
k) Umiješajte preostale 2 šalice svježih borovnica.
l) Ulijte nadjev od borovnica u pripremljenu koru biljojed krekera, ravnomjerno ga rasporedite.
m) Stavite pitu u hladnjak na najmanje 2-3 sata ili dok se ne stegne.
n) Poslužite ohlađeno, po želji preliveno šlagom ili sladoledom od vanilije.

74. Nutella Snickers pita

SASTOJCI:
ZA KORE:
- 1 ½ šalice zdrobljenih čokoladnih biljojed krekera
- ¼ šalice otopljenog neslanog maslaca

ZA NADJEV:
- 1 šalica Nutelle
- 8 unci krem sira, omekšalog
- ½ šalice šećera u prahu
- ½ šalice nasjeckanog kikirikija
- ½ šalice malih komadića čokolade
- Dodatni kikiriki i komadići čokolade za ukras (po želji)

UPUTE:
a) U zdjeli za miješanje pomiješajte zdrobljene čokoladne biljojed krekere i otopljeni maslac dok smjesa ne nalikuje mokrom pijesku. Ravnomjerno utisnite smjesu na dno i gore na strane posude za pite od 9 inča kako biste oblikovali koru. Staviti na stranu.
b) U posebnoj zdjeli za miješanje tucite krem sir dok ne postane glatko i kremasto.
c) U krem sir dodajte Nutellu i šećer u prahu. Tucite dok se dobro ne sjedini i postane glatko.
d) Umiješajte nasjeckani kikiriki i male komadiće čokolade u smjesu Nutelle dok se ravnomjerno ne raspodijele.
e) Smjesu za fil izlijte u pripremljenu koru i vrh zagladite špatulom.
f) Po izboru: ukrasite vrh pite dodatnim kikirikijem i malim komadićima čokolade za dodatnu teksturu i prezentaciju.
g) Stavite pitu u hladnjak na najmanje 3-4 sata, ili dok se ne stegne.
h) Kada se ohladi i stegne, izvadite pitu iz hladnjaka i narežite je na željene dijelove.
i) Poslužite i uživajte!

75.Snickers sladoledna pita

SASTOJCI:
- 1 ½ šalice zdrobljenih čokoladnih biljojed krekera
- ¼ šalice neslanog maslaca, otopljenog
- 1 litra sladoleda od vanilije
- ½ šalice karamel umaka
- ½ šalice čokoladnog umaka
- ½ šalice nasjeckanih Snickers pločica
- Šlag (po želji)

UPUTE:
a) U zdjeli pomiješajte izlomljene čokoladne biljojed krekere i otopljeni maslac.
b) Smjesu utisnite u posudu za pitu da napravite koru.
c) Sladoled od vanilije omekšati i ravnomjerno rasporediti po kori.
d) Preko sladoleda prelijte karamel umak i čokoladni umak.
e) Po vrhu pospite nasjeckane Snickers pločice.
f) Zamrznite pitu najmanje 4 sata ili dok se ne stegne.
g) Po želji kriške poslužite sa šlagom.

76.Mango-kokos pita s mango coulisom

SASTOJCI:
ZA PITU:
- 1 ½ šalice mrvica biljojed krekera
- ½ šalice neslanog maslaca, otopljenog
- 1 šalica zaslađenog naribanog kokosa
- 2 šalice zrelog manga, narezanog na kockice
- 1 šalica konzerviranog kokosovog mlijeka
- 1 šalica gustog vrhnja
- ½ šalice granuliranog šećera
- 3 žlice kukuruznog škroba
- 1 žličica ekstrakta vanilije

ZA MANGO COULIS:
- 1 šalica zrelog manga, narezanog na kockice
- 2 žlice granuliranog šećera
- 1 žlica soka od limuna

UPUTE:
ZA PITU:
a) Zagrijte pećnicu na 350°F (175°C).
b) U zdjeli pomiješajte mrvice biljojed krekera i otopljeni maslac. Dobro izmiješajte dok se mrvice ravnomjerno ne prekriju.
c) Utisnite smjesu od mrvica na dno i stranice posude za pitu od 9 inča kako biste oblikovali koru.
d) Ravnomjerno pospite naribani kokos po kori.
e) Pecite koru u prethodno zagrijanoj pećnici oko 10 minuta ili dok lagano ne porumeni. Izvadite iz pećnice i ostavite da se ohladi.
f) U blenderu ili multipraktiku izmiksajte mango narezan na kockice dok ne postane glatko. Staviti na stranu.
g) U loncu pomiješajte kokosovo mlijeko, vrhnje, granulirani šećer i kukuruzni škrob. Umutite dok se dobro ne sjedini.
h) Stavite lonac na srednju vatru i kuhajte uz stalno miješanje dok se smjesa ne zgusne i lagano proključa.
i) Maknite lonac s vatre i umiješajte pire od manga i ekstrakt vanilije.
j) Nadjev od manga i kokosa ulijte u ohlađenu koru za pitu, ravnomjerno ga rasporedite.
k) Stavite pitu u hladnjak i ostavite da se hladi najmanje 4 sata ili dok se nadjev ne stegne.
l) Kad se ohladi i stegne, narežite pitu od manga i kokosa i poslužite je s coulisom.

ZA MANGO COULIS:
m) U blenderu ili procesoru hrane pomiješajte mango narezan na kockice, granulirani šećer i limunov sok.
n) Miješajte dok ne postane glatko i dobro sjedinjeno.
o) Procijedite smjesu kroz fino sito kako biste uklonili sva vlakna ili grudice.
p) Ohladite Mango Coulis do posluživanja.

SERVIRATI:
q) Prelijte mango coulis preko svake kriške pite od manga i kokosa.
r) Po želji ukrasite dodatnim naribanim kokosom ili svježim mangom.

77.Crveni baršun Kutija za led Oreo pita

SASTOJCI:
- 2 šalice zdrobljenih čokoladnih napolitanki ili čokoladnih biljojed krekera
- ½ šalice otopljenog maslaca
- ¼ šalice granuliranog šećera
- Pakiranje Crveni baršun Oreo kolačića od 12,2 unce
- 8 unci krem sira, omekšalog
- Kutija od 3,4 unce instant smjese za puding od sira
- 2 šalice punomasnog mlijeka ili pola i pola
- 8 unci smrznutog tučenog preljeva

UPUTE:
a) Zagrijte pećnicu na 375°F. Lagano poprskajte tanjur za pitu od 9 inča sa sprejom za kuhanje.
b) U maloj posudi pomiješajte mrvice keksa, maslac i šećer. Dobro izmiješajte, a zatim pritisnite na dno i stranice tanjura za pitu. Pecite 15 minuta ili dok se ne stegne. Potpuno ohladiti.
c) Ostavite 5 cijelih kolačića za ukrašavanje, a ostatak stavite u plastičnu vrećicu koja se može zatvoriti.
d) Zdrobite kolačiće. Staviti na stranu.
e) U srednjoj zdjeli za miješanje mikserom pomiješajte krem sir, smjesu za puding i mlijeko. Mutite 2-3 minute ili dok smjesa ne postane kremasta, pahuljasta i glatka.
f) U fil ručno umiješati umućeni preljev i izmrvljene kolačiće. Razvući u ohlađenu koru.
g) Odozgo ukrasite preostalim tučenim preljevom i cijelim kolačićima po želji.
h) Ohladite najmanje 4 sata prije posluživanja.

78. Sladoledna pita od maslaca od kikirikija i kreme

SASTOJCI:
- 1 gotova kora Biljojed krekera za pitu (6 oz.)
- ½ šalice kremastog maslaca od kikirikija
- ¼ šalice meda
- 1 litra sladoleda od vanilije; omekšao
- ¼ šalice indijskih oraščića; nasjeckana
- Čokoladni preljev od 1 unce

UPUTE
a) Pomiješajte maslac od kikirikija i med. Smjesu umiješajte u omekšali sladoled.
b) Žlicom stavljajte polovicu smjese za sladoled u koru za pitu. Pospite polovicom nasjeckanih indijskih oraščića.
c) Prelijte 4 oz. fudge umak preko indijskih oraščića. Preostalu smjesu sladoleda žlicom rasporedite u koru za pitu. Pospite preostalim indijskim oraščićima. Prelijte 2 oz. fudge umak preko indijskih oraščića.
d) Zamrznite dok se ne stegne, oko 6 sati. Po želji ukrasite tučenim preljevom i dodatnim umakom od fudgea.

79.g. Hrana tiramisu pita

SASTOJCI:
- 16 unci krem sira, omekšali
- ½ šalice šećera
- ½ žličice ekstrakta vanilije
- 2 jaja
- 6 Ladyfingers, split
- 1 pripremljena kora za pitu od biljojed krekera od 9 inča
- ½ šalice jake crne kave
- 1 žlica ekstrakta rakije
- 1 šalica smrznutog tučenog preljeva, odmrznutog
- 1 žlica čokoladnih posipa

UPUTE:
a) Zagrijte pećnicu na 350°F.
b) U velikoj zdjeli, električnom miješalicom na srednjoj brzini, pomiješajte krem sir, šećer i vaniliju dok se dobro ne izmiješaju.
c) Dodajte jaja i miješajte dok se ne sjedine.
d) Prstiće posložite na dno kore za pitu.

80.Zabraniti pita

SASTOJCI:
- ¾ porcije Biljojed kore [255 g (1½ šalice)]
- 125 g 72% čokolade [4½ unce]
- 85 g maslaca [6 žlica]
- 2 jaja
- 150 g šećera [¾ šalice]
- 40 g brašna [¼ šalice]
- 25 g kakaa u prahu
- 2 g košer soli [½ žličice]
- 110 g vrhnja [½ šalice]

UPUTE:
a) Zagrijte pećnicu na 350°F.
b) Stavite 210 g (1¼ šalice) biljojed kore u kalup za pite od 10 inča i ostavite preostalih 45 g (¼ šalice) sa strane. Prstima i dlanovima čvrsto utisnite koru u kalup za pite tako da potpuno prekrijete dno i stranice kalupa. Umotana u plastiku, kora se može čuvati u hladnjaku ili zamrzavati do 2 tjedna.
c) Pomiješajte čokoladu i maslac u zdjeli prikladnoj za mikrovalnu pećnicu i lagano ih otopite zajedno na niskoj temperaturi 30 do 50 sekundi. Koristite lopaticu otpornu na toplinu kako biste ih promiješali, radeći dok smjesa ne postane sjajna i glatka.
d) Pomiješajte jaja i šećer u zdjeli samostojećeg miksera opremljenog nastavkom za pjenjaču i miksajte zajedno na visokoj razini 3 do 4 minute, dok smjesa ne postane pahuljasta i blijedožuta i postane poput vrpce. (Odvojite pjenjaču, umočite je u umućena jaja i mahnite naprijed-natrag poput klatna: smjesa bi trebala oblikovati zgusnutu, svilenkastu vrpcu koja pada i zatim nestaje u tijestu.) Ako smjesa ne oblikuje vrpce, nastavite mućenje na visokoj razini prema potrebi.
e) Zamijenite pjenjaču nastavkom s lopaticom. Ulijte čokoladnu smjesu u jaja i kratko miksajte na niskoj temperaturi, a zatim povećajte brzinu na srednju i miješajte smjesu 1 minutu ili dok ne postane smeđa i potpuno homogena. Ako ima tamnih mrlja od čokolade, lupkajte nekoliko sekundi dulje ili po potrebi. Ostružite stijenke zdjele.
f) Dodajte brašno, kakao prah i sol i kuhajte na niskoj brzini 45 do 60 sekundi. Ne smije biti grudica suhih sastojaka. Ako ima grudica, miješajte dodatnih 30 sekundi. Ostružite stijenke zdjele.

g) Ulijte gusto vrhnje na maloj brzini, miksajući 30 do 45 sekundi, dok se tijesto malo ne opusti i bijele mrlje vrhnja potpuno ne umiješaju. Ostružite stijenke zdjele.

h) Odvojite lopaticu i izvadite posudu iz miksera. Lagano lopaticom umiješajte 45 g (¼ šalice) biljojed kore.

i) Uzmite lim i na njega stavite kalup za pitu od biljojed kore. Lopaticom zastružite tijesto za zabraniti u biljojed ljusku. Pecite 25 minuta. Pita bi se trebala malo napuhnuti sa strane i razviti šećernu koricu na vrhu. Ako je zabraniti pita još tekuća u sredini i nije se stvorila korica, pecite je još oko 5 minuta.

j) Ohladite pitu na rešetki. (Možete ubrzati proces hlađenja pažljivim prebacivanjem pite u hladnjak ili zamrzivač izravno iz pećnice ako ste u žurbi.) Umotana u plastiku, pita će ostati svježa u hladnjaku do 1 tjedan ili u zamrzivaču do 2 tjedna.

NADJEV ZA BILJOJED KREKER

81. Punjene breskve

SASTOJCI:
- 4 zrele breskve
- ½ šalice zdrobljenih biljojed krekera
- ¼ šalice smeđeg šećera
- ¼ šalice nasjeckanih pekan oraha
- ¼ žličice muškatnog oraščića
- 2 žlice otopljenog maslaca

UPUTE:
a) Zagrijte pećnicu na 350°F (175°C).
b) Breskve prerežite na pola i izvadite im koštice.
c) U zdjeli pomiješajte zdrobljene biljojed krekere, smeđi šećer, pekan orahe, muškatni oraščić i otopljeni maslac.
d) Svaku polovicu breskve nadjevati smjesom.
e) Punjene breskve stavite na lim za pečenje i pecite 15-20 minuta dok ne omekšaju.
f) Poslužite toplo.

82. Punjene jagode

SASTOJCI:
- 1 litra jagoda
- 4 unce krem sira, omekšalog
- ¼ šalice šećera u prahu
- ½ žličice ekstrakta vanilije
- ¼ šalice zdrobljenih biljojed krekera

UPUTE:
a) Jagode operite i odrežite im vrhove. Izdubite sredinu malim nožićem ili ljuštilicom za jagode.
b) U zdjeli pomiješajte krem sir, šećer u prahu i ekstrakt vanilije dok smjesa ne postane glatka.
c) Svaku jagodu napunite smjesom od krem sira.
d) Napunjeni kraj jagode umočite u zdrobljene biljojed krekere.
e) Ohladite 30 minuta prije posluživanja.

83.Nutellom punjene jagode

SASTOJCI:
- 30 narezanih svježih jagoda
- 1 (7 unci) limenka šlaga
- Staklenka Nutelle od 13 unci
- 30 svježih borovnica
- 1 (14,4 unci) paket mini biljojed krekera

UPUTE:
a) Prvo odrežite donji dio svake jagode i napravite rupu u svakoj od njih s gornje strane.
b) Sada u tu rupu stavite šlag i namaz od lješnjaka, a na to stavite jednu borovnicu.
c) Prije posluživanja pokrijte biljojed krekerom.

BILJOJED KREKER LAZANJE

84. Lazanje od kolača od jagoda

SASTOJCI:
- 12 biljojed krekera
- 1 šalica gustog vrhnja
- 8 unci krem sira, omekšalog
- ½ šalice šećera u prahu
- 1 žličica ekstrakta vanilije
- 2 šalice narezanih svježih jagoda
- Šlag i dodatne narezane jagode (za ukras)

UPUTE:

a) Biljojed krekere stavite u vrećicu na zip i zdrobite ih valjkom za tijesto u fine mrvice.

b) U zdjeli za miješanje tucite čvrsto vrhnje dok se ne formiraju čvrsti vrhovi.

c) U drugoj posudi za miješanje izmiksajte krem sir, šećer u prahu i ekstrakt vanilije dok ne postane glatko.

d) Umiješajte šlag u smjesu od krem sira.

e) Obložite dno posude za pečenje 8x8 inča s polovicom mrvica biljojed krekera.

f) Rasporedite polovicu smjese krem sira preko sloja biljojed krekera.

g) Preko sloja krem sira ravnomjerno rasporedite narezane jagode.

h) Ponovite slojeve s preostalim mrvicama biljojed krekera, mješavinom krem sira i narezanim jagodama.

i) Prelijte malo tučenog vrhnja i ukrasite dodatnim narezanim jagodama.

j) Ostavite u hladnjaku najmanje 2 sata prije posluživanja da se slojevi stisnu.

85.Lazanje od sira od malina i bijele čokolade

SASTOJCI:
- 24 biljojed krekera
- ½ šalice neslanog maslaca, otopljenog
- 8 unci krem sira, omekšalog
- ½ šalice šećera u prahu
- 1 žličica ekstrakta vanilije
- 1 šalica otopljene bijele čokolade
- 2 šalice svježih malina
- 1 ¾ šalice tučenog preljeva
- Kovrče od bijele čokolade (za ukras)

UPUTE:
a) Biljojed krekere stavite u vrećicu na zip i zdrobite ih valjkom za tijesto u fine mrvice.
b) U zdjeli za miješanje pomiješajte mrvice biljojed krekera s otopljenim maslacem, miješajući dok se dobro ne prekriju.
c) Utisnite smjesu od mrvica na dno posude za pečenje 9x13 inča kako biste oblikovali koricu.
d) U drugoj posudi za miješanje izmiksajte krem sir, šećer u prahu i ekstrakt vanilije dok ne postane glatko.
e) Dodajte otopljene komadiće bijele čokolade i tučeni preljev dok se dobro ne sjedine.
f) Polovicu smjese krem sira rasporedite preko kore biljojed krekera.
g) Svježe maline ravnomjerno rasporedite po sloju krem sira.
h) Ponovite slojeve s preostalom smjesom krem sira i na vrh stavite dodatne maline.
i) Ukrasite kovrčama bijele čokolade.
j) Ostavite u hladnjaku najmanje 2 sata prije posluživanja da se slojevi stisnu.

86.Lazanje od sira i karamele od jabuka

SASTOJCI:
- 1 ½ šalice mrvica biljojed krekera
- 6 žlica neslanog maslaca, otopljenog
- 8 unci krem sira, omekšalog
- ½ šalice granuliranog šećera
- 1 žličica ekstrakta vanilije
- 1 šalica gustog vrhnja
- 2 šalice jabuka narezanih na kockice
- ¼ šalice karamel umaka
- Šlag i karamel prelijte za ukrašavanje

UPUTE:

a) U zdjeli pomiješajte mrvice biljojed krekera i otopljeni maslac dok se dobro ne sjedine.

b) Utisnite smjesu od mrvica na dno podmazane posude za pečenje 9x13 inča kako biste oblikovali koricu.

c) U drugoj zdjeli izmiksajte krem sir, granulirani šećer i ekstrakt vanilije dok ne postane glatko.

d) U posebnoj zdjeli umutite vrhnje dok se ne formiraju čvrsti vrhovi.

e) Nježno umiješajte tučeno vrhnje u smjesu od krem sira dok se dobro ne sjedini.

f) Polovicu smjese krem sira rasporedite preko kore biljojed krekera u posudi za pečenje.

g) Po sloju krem sira ravnomjerno posipajte jabuke narezane na kockice.

h) Preko jabuka prelijte karamel umak.

i) Ponovite slojeve s preostalom smjesom krem sira, jabukama i karamel umakom.

j) Ukrasite šlagom i malo karamel umaka.

k) Ostavite u hladnjaku najmanje 4 sata ili preko noći prije posluživanja.

87.Banana Split Lazanje

SASTOJCI:
- 1 ½ šalice mrvica biljojed krekera
- 6 žlica neslanog maslaca, otopljenog
- 8 unci krem sira, omekšalog
- ½ šalice šećera u prahu
- 1 žličica ekstrakta vanilije
- 1 šalica gustog vrhnja
- 2 zrele banane, narezane na ploške
- 1 šalica zgnječenog ananasa, ocijeđenog
- 1 šalica narezanih jagoda
- ½ šalice čokoladnog umaka
- Šlag, nasjeckani orasi i višnje maraskino za ukras

UPUTE:
a) U zdjeli pomiješajte mrvice biljojed krekera i otopljeni maslac dok se dobro ne sjedine.
b) Utisnite smjesu od mrvica na dno podmazane posude za pečenje 9x13 inča kako biste oblikovali koricu.
c) U drugoj zdjeli izmiksajte krem sir, šećer u prahu i ekstrakt vanilije dok ne postane glatko.
d) U posebnoj zdjeli umutite vrhnje dok se ne formiraju čvrsti vrhovi.
e) Nježno umiješajte tučeno vrhnje u smjesu od krem sira dok se dobro ne sjedini.
f) Polovicu smjese krem sira rasporedite preko kore biljojed krekera u posudi za pečenje.
g) Preko sloja krem sira rasporedite narezane banane, zgnječeni ananas i narezane jagode.
h) Prelijte čokoladni umak preko voćnog sloja.
i) Ponovite slojeve s preostalom smjesom krem sira, voća i čokoladnog umaka.
j) Ukrasite šlagom, nasjeckanim orasima i višnjama maraskinom.
k) Ostavite u hladnjaku najmanje 4 sata ili preko noći prije posluživanja.

88.S'mores lazanje

SASTOJCI:
- 1 ½ šalice mrvica biljojed krekera
- 6 žlica neslanog maslaca, otopljenog
- 8 unci krem sira, omekšalog
- ½ šalice šećera u prahu
- 1 žličica ekstrakta vanilije
- 1 šalica gustog vrhnja
- 1 šalica mini marshmallowa
- 1 šalica komadića čokolade
- Zdrobljeni biljojed krekeri i tostirani marshmallows za ukras

UPUTE:

a) U zdjeli pomiješajte mrvice biljojed krekera i otopljeni maslac dok se dobro ne sjedine.

b) Utisnite smjesu od mrvica na dno podmazane posude za pečenje 9x13 inča kako biste oblikovali koricu.

c) U drugoj zdjeli izmiksajte krem sir, šećer u prahu i ekstrakt vanilije dok ne postane glatko.

d) U posebnoj zdjeli umutite vrhnje dok se ne formiraju čvrsti vrhovi.

e) Nježno umiješajte tučeno vrhnje u smjesu od krem sira dok se dobro ne sjedini.

f) Polovicu smjese krem sira rasporedite preko kore biljojed krekera u posudi za pečenje.

g) Po sloju krem sira ravnomjerno pospite mini marshmallows i komadiće čokolade.

h) Ponovite slojeve s preostalom smjesom krem sira, mini marshmallow kolačićima i komadićima čokolade.

i) Gornji sloj pospite mljevenim biljojed krekerima.

j) Pecite u prethodno zagrijanoj pećnici na 350°F (175°C) oko 15-20 minuta, ili dok marshmallows ne postane zlatan i gnjecav.

k) Izvadite iz pećnice i ostavite da se malo ohladi.

l) Prije posluživanja ukrasite tostiranim marshmallow kolačićima.

m) Poslužite toplo ili ohlađeno.

89. Lazanje od miješanog bobičastog voća i limuna

SASTOJCI:

- 16 biljojed krekera
- 2 šalice miješanog bobičastog voća (jagode, borovnice, maline)
- 1 šalica tučenog vrhnja ili tučenog preljeva bez mliječnih proizvoda
- 1 šalica lemon curda
- 1 šalica krem sira
- ½ šalice šećera u prahu
- 1 žličica ekstrakta vanilije

UPUTE:

a) U zdjeli za miješanje pomiješajte krem sir, šećer u prahu i ekstrakt vanilije. Miksajte dok ne postane glatko.
b) Stavite sloj biljojed krekera na dno posude za pečenje.
c) Polovicu smjese krem sira rasporedite preko biljojed krekera.
d) Složite polovicu izmiješanog bobičastog voća na smjesu od krem sira.
e) Polovicom lemon curda rasporedite bobičasto voće.
f) Ponovite slojeve s drugim slojem biljojed krekera, mješavinom krem sira, miješanim bobičastim voćem i lemon curdom.
g) Prelijte tučenim vrhnjem ili tučenim preljevom koji nije mliječni.
h) Pokrijte posudu za pečenje i ostavite u hladnjaku najmanje 4 sata ili preko noći.
i) Izrežite na kvadrate i poslužite ohlađeno.

90. Breskva Mango Kokos Lazanje

SASTOJCI:
- 16 biljojed krekera
- 2 zrele breskve, narezane na kriške
- 1 zreli mango, narezan na kriške
- 1 šalica tučenog vrhnja ili tučenog preljeva bez mliječnih proizvoda
- 1 šalica kokosovog jogurta
- 1 šalica krem sira
- ½ šalice šećera u prahu
- 1 žličica ekstrakta vanilije

UPUTE:
a) U zdjeli za miješanje pomiješajte krem sir, šećer u prahu i ekstrakt vanilije. Miksajte dok ne postane glatko.
b) U zasebnoj zdjeli umiješajte tučeno vrhnje ili nemliječni tučeni preljev u kokosov jogurt.
c) Stavite sloj biljojed krekera na dno posude za pečenje.
d) Polovicu smjese krem sira rasporedite preko biljojed krekera.
e) Složite pola narezanih breskvi i manga na smjesu od krem sira.
f) Preko voća rasporedite polovicu mješavine kokosovog jogurta.
g) Ponovite slojeve s još jednim slojem biljojed krekera, smjese krem sira, voća i kokosovog jogurta.
h) Pokrijte posudu za pečenje i ostavite u hladnjaku najmanje 4 sata ili preko noći.
i) Izrežite na kvadrate i poslužite ohlađeno.

91. Lazanje s jabukom i cimetom

SASTOJCI:

- 16 biljojed krekera
- 2 šalice jabuka narezanih na kockice
- 1 šalica tučenog vrhnja ili tučenog preljeva bez mliječnih proizvoda
- 1 šalica nadjeva za pitu od jabuka
- 1 šalica krem sira
- ½ šalice šećera u prahu
- 1 žličica ekstrakta vanilije
- 1 žličica mljevenog cimeta
- ¼ šalice mljevenih oraha (po želji)

UPUTE:

a) U zdjeli za miješanje pomiješajte krem sir, šećer u prahu, ekstrakt vanilije i mljeveni cimet. Miksajte dok ne postane glatko.
b) Stavite sloj biljojed krekera na dno posude za pečenje.
c) Polovicu smjese krem sira rasporedite preko biljojed krekera.
d) Složite polovicu jabuka narezanih na kockice na smjesu od krem sira.
e) Preko jabuka rasporedite polovicu nadjeva za pitu od jabuka.
f) Ponovite slojeve s drugim slojem biljojed krekera, mješavinom krem sira, jabukama narezanim na kockice i nadjevom za pitu od jabuka.
g) Prelijte tučenim vrhnjem ili tučenim preljevom koji nije mliječni.
h) Po vrhu pospite mljevene orahe za dodatnu hrskavost (po želji).
i) Pokrijte posudu za pečenje i ostavite u hladnjaku najmanje 4 sata ili preko noći.
j) Izrežite na kvadrate i poslužite ohlađeno.

92.Lazanje od tropskog voća

SASTOJCI:
- 16 biljojed krekera
- 2 šalice tropskog voća narezanog na kockice (kao što su ananas, mango i papaja)
- 1 šalica tučenog vrhnja ili tučenog preljeva bez mliječnih proizvoda
- 1 šalica kokosovog vrhnja
- 1 šalica krem sira
- ½ šalice šećera u prahu
- 1 žličica ekstrakta vanilije
- Naribani kokos za ukras

UPUTE:
a) U zdjeli za miješanje pomiješajte krem sir, šećer u prahu i ekstrakt vanilije. Miksajte dok ne postane glatko.
b) U posebnoj zdjeli umiješajte šlag ili nemliječni šlag u vrhnje od kokosa.
c) Stavite sloj biljojed krekera na dno posude za pečenje.
d) Polovicu smjese krem sira rasporedite preko biljojed krekera.
e) Polovicu tropskog voća narezanog na kockice poslažite na smjesu od krem sira.
f) Preko voća rasporedite polovicu smjese od kokosove kreme.
g) Ponovite slojeve s drugim slojem biljojed krekera, smjese krem sira, tropskog voća i vrhnja od kokosa.
h) Prelijte tučenim vrhnjem ili tučenim preljevom koji nije mliječni.
i) Po vrhu pospite naribani kokos za ukras.
j) Pokrijte posudu za pečenje i ostavite u hladnjaku najmanje 4 sata ili preko noći.
k) Izrežite na kvadrate i poslužite ohlađeno.

93. Krema od jabuka Lazanje

SASTOJCI:
- 6-8 listova tjestenine za lazanje, kuhane i ocijeđene
- 4-5 jabuka srednje veličine oguljenih i tanko narezanih
- ½ šalice granuliranog šećera
- 1 žličica cimeta
- ¼ žličice muškatnog oraščića
- 1 šalica gustog vrhnja
- 1 šalica ricotta sira
- ½ šalice šećera u prahu
- 1 žličica ekstrakta vanilije
- Mljeveni keksi ili biljojed krekeri (po želji, za preljev)
- Šlag ili šećer u prahu (za ukras)

UPUTE:
a) Zagrijte pećnicu na 350°F (175°C).
b) U zdjeli pomiješajte narezane jabuke, granulirani šećer, cimet i muškatni oraščić. Dobro izmiješajte, pazeći da su jabuke ravnomjerno obložene.
c) U zasebnoj zdjeli umutite čvrsto vrhnje, ricotta sir, šećer u prahu i ekstrakt vanilije dok ne postane glatko i kremasto.
d) U posudu za pečenje počnite sastavljati slojeve lazanja. Počnite sa slojem kuhanih listova za lazanje, zatim slojem zaslađenih jabuka, a zatim slojem smjese za vrhnje. Ponavljajte slojeve dok ne potrošite sve sastojke, završite slojem smjese kreme na vrhu.
e) Posudu za pečenje prekrijte aluminijskom folijom i pecite u prethodno zagrijanoj pećnici oko 30-35 minuta ili dok jabuke ne omekšaju i nadjev se stegne.
f) Kad su pečene, maknite foliju i ostavite lazanje da se ohlade nekoliko minuta. Ako želite, po vrhu pospite zdrobljene kekse ili biljojed krekere za dodatnu hrskavost i teksturu.
g) Poslužite toplo ili ohlađeno. Prije posluživanja možete ukrasiti šlagom ili šećerom u prahu.

BILJOJED KREKER MJEŠAVINA ZA GRICKALICE

94.Mješavina za grickalice za ljetni piknik

SASTOJCI:
- 6 šalica pečenih kokica
- 1 šalica suhih višanja
- 1 šalica prezli prelivenih bijelom čokoladom
- 1 šalica suncokretovih sjemenki
- ½ šalice komadića biljojed krekera

UPUTE:
a) U velikoj zdjeli pomiješajte sve sastojke dok se dobro ne sjedine.
b) Poslužite odmah ili pohranite u hermetički zatvorenu posudu.

95.S'mores Zabava Miješati

SASTOJCI:
- 3 šalice Golden Biljojeds žitarica
- 2 šalice mini marshmallowa
- 1 šalica komadića čokolade
- 1 šalica Teddy Biljojeds
- ¼ šalice maslaca, otopljenog
- ¼ šalice smeđeg šećera
- 1 žličica ekstrakta vanilije
- ½ žličice soli

UPUTE:
a) Zagrijte pećnicu na 350°F (175°C).
b) U velikoj zdjeli pomiješajte Golden Biljojeds, mini marshmallows, komadiće čokolade i Teddy Biljojeds.
c) U loncu otopite maslac na srednje jakoj vatri.
d) Dodajte smeđi šećer i miješajte dok se dobro ne sjedini.
e) Maknite s vatre i umiješajte ekstrakt vanilije i sol.
f) Prelijte smjesu preko smjese žitarica i miješajte dok se sve ravnomjerno ne rasporedi.
g) Smjesu rasporedite u lim za pečenje i pecite 8-10 minuta.
h) Neka se ohladi prije posluživanja.

96.Vrckasti crv Trag Miješati

SASTOJCI:
- 1 šalica minijaturnih pereca, bilo kojeg oblika
- 1 šalica minijaturnog medvjedića biljojed grickalica, bilo kojeg okusa
- 1 šalica suho-prženog kikirikija
- 1 šalica čokoladnih bombona, bilo koje vrste
- 1 šalica gumenih crva
- Vrećice za jednokratno posluživanje ili druge male posude

UPUTE:
a) Stavite sve sastojke u veliku zdjelu i dobro promiješajte.
b) Podijelite mješavinu grickalica u posude za jednokratno posluživanje za buduću želju za grickalicama.

LOKIĆI

97.Crveni, bijeli i plavi sladoled

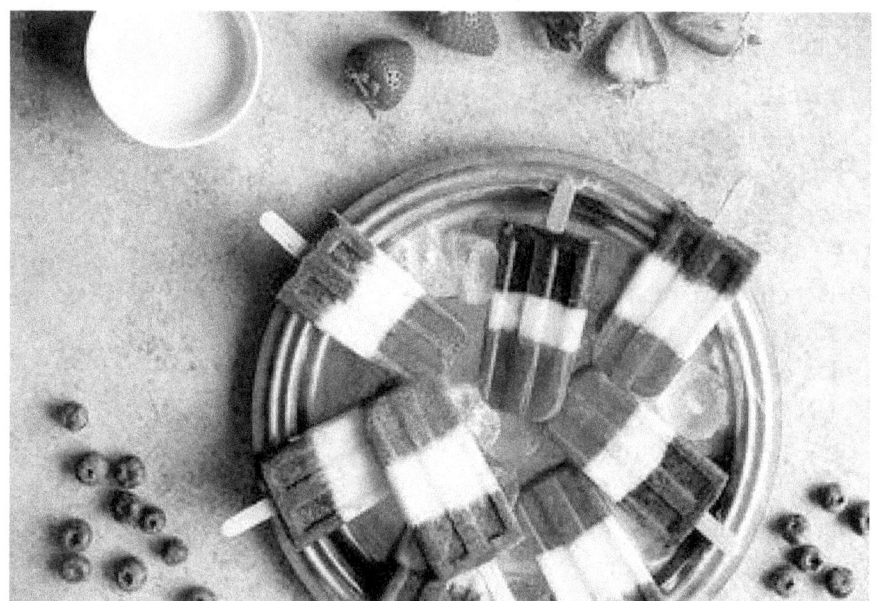

SASTOJCI:
ZA JEDNOSTAVNI SIRUP:
- ½ šalice šećera
- ½ šalice vode

ZA SLOJ JAGODA:
- 1 ¼ šalice jagoda, oljuštenih i nasjeckanih
- ¼ šalice jednostavnog sirupa
- 2 žlice Baileysa

ZA SLOJ OD BOROVNICA:
- 1 ¼ šalice borovnica
- ¼ šalice jednostavnog sirupa
- 2 žlice Baileysa

ZA SLOJ TORTE OD SIRA:
- 6 unci krem sira, omekšalog
- ¾ šalice zaslađenog kondenziranog mlijeka
- ⅓ šalice Baileys
- 4 biljojed krekera, zdrobljena u mrvice

UPUTE:
a) Prvo napravite jednostavan sirup. Pomiješajte šećer i vodu u loncu na jakoj vatri. Pustite da prokuha uz povremeno miješanje dok se šećer potpuno ne otopi, a tekućina malo zgusne. Kuhajte 5 minuta i zatim maknite s vatre. Neka se ohladi.
b) Zatim dodajte jagode, ¼ šalice jednostavnog sirupa i 2 žlice Baileysa u procesor hrane ili blender. Pulsirajte dok ne postane glatko.
c) Ravnomjerno rasporedite smjesu od jagoda u 10 papirnatih čaša. Stavite u zamrzivač na najmanje jedan sat.
d) Isperite multipraktik i pomiješajte borovnice, jednostavni sirup i Baileys.
e) Pulsirajte dok ne postane glatko. Stavite u hladnjak do upotrebe.
f) U velikoj zdjeli kremom pomiješajte kondenzirano mlijeko sa svježim sirom i Baileys. Zagrabite ili ulijte u ohlađene papirnate čaše na vrh smjese smrznutih jagoda. Šalice bi trebale biti do ⅔ pune nakon dodavanja sloja kolača od sira.
g) Zamrznite šalice na 30 minuta, a zatim pritisnite drveni štapić u sredinu svake šalice.
h) Zamrznite najmanje dodatnih 30 minuta.
i) Ulijte smjesu borovnica i zamrznite 30 minuta. Zatim posipajte mrvice biljojed krekera na vrh svakog sladoleda i ponovno zamrznite na najmanje 6 sati ili preko noći.
j) Kada ste spremni za jelo, skinite papirnatu čašu i uživajte!

98.Kolač od sira od jagoda

SASTOJCI:
- 1 šalica (8 oz/225 g) krem sira
- 3 žlice šećera
- ⅔ šalice jogurta
- 1 žličica ekstrakta vanilije
- 20 jagoda (otprilike)
- 1 šalica mrvica biljojed krekera

UPUTE:
a) U zdjeli umutite krem sir, jogurt, vaniliju i šećer. Staviti na stranu
b) U sjeckalici (ili blenderu) pasirajte jagode dok ne budu grudice.
c) U maloj zdjeli razbijte mrvice biljojed krekera dok ne postanu fine mrvice
d) Nježno umiješajte smjesu krem sira, pirea od jagoda i mrvica keksa
e) Smjesu ravnomjerno rasporedite u kalupe za sladoled. To je gusta smjesa pa je lupkajte po plohi kako biste smjesu pomaknuli niz kalup. Dodajte štapiće sladoleda u sredinu svake šalice.
f) Stavite u zamrzivač dok se potpuno ne zamrzne, najmanje 4 sata.

GLAZURA

99.Biljojed glazura

SASTOJCI:
- ½ porcije Biljojed Crust
- 85 g mlijeka [⅓ šalice]
- 2 g košer soli [½ žličice]
- 85 g maslaca, sobne temperature [6 žlica]
- 15 g svijetlo smeđeg šećera [1 žlica čvrsto pakirana]
- 10 g slastičarskog šećera [1 žlica]
- 0,5 g mljevenog cimeta [½ žličice]
- 0,5 g košer soli [⅛ žličice]

UPUTE:
a) Pomiješajte biljojed koru, mlijeko i sol u blenderu, uključite brzinu na srednje visoku i pire dok ne postane glatko i homogeno.
b) Bit će potrebno 1 do 3 minute (ovisno o nevjerojatnosti vašeg blendera). Ako se smjesa ne uhvati za oštricu vašeg blendera, isključite blender, uzmite malu žličicu za čaj i stružite po stranicama spremnika, ne zaboravite strugati ispod oštrice, a zatim pokušajte ponovno.
c) Pomiješajte maslac, šećere, cimet i sol u zdjeli samostojećeg miksera opremljenog nastavkom s lopaticom i vrhnje zajedno na srednje jakoj temperaturi 2 do 3 minute, dok ne postane pahuljasto i pjegavo žuto. Ostružite stijenke zdjele s lopatica.
d) Na maloj brzini ubacite sadržaj blendera. Nakon 1 minute povećajte brzinu na srednje visoku i ostavite da kuha još 2 minute.
e) Lopaticom ostružite stijenke zdjele. Ako smjesa nije ravnomjerno blijedosmeđe boje, još jednom ostružite zdjelu, a glazuru još jednu minutu brzog lopatice.
f) Glazuru upotrijebite odmah ili je čuvajte u hermetički zatvorenoj posudi u hladnjaku do 1 tjedna.

100.Biljojed ganache

SASTOJCI:
- ½ porcije Biljojed Crust
- 85 g mlijeka [⅓ šalice]
- 2 g košer soli [½ žličice]

UPUTE:

a) Pomiješajte biljojed koru, mlijeko i sol u blenderu i pire na srednjoj brzini dok ne postane glatko i homogeno - trebat će 1 do 3 minute (ovisno o izvrsnosti vašeg blendera).

b) Ako se smjesa ne uhvati za oštricu vašeg blendera, isključite ga, uzmite malu žličicu za čaj i stružite po stranama kanistera, ne zaboravite strugati ispod oštrice, a zatim pokušajte ponovno.

c) Ganache upotrijebite odmah ili ga čuvajte u hermetički zatvorenoj posudi u hladnjaku do 5 dana.

ZAKLJUČAK

Dok završavamo naše putovanje kroz "Vrhunska Kuhinja Biljojed Krekera", nadamo se da ste otkrili nevjerojatan potencijal skriven unutar svake mrvice biljojed krekera. Od najslađih deserata do najslanijih grickalica, ovi recepti pokazali su nevjerojatnu svestranost ovog jednostavnog sastojka.

Potičemo vas da nastavite istraživati potencijal biljojed krekera, eksperimentirati sa svojim kreacijama i dijeliti svoja kulinarska otkrića s prijateljima i obitelji. Bilo da izrađujete nostalgične klasike ili izmišljate nove i neočekivane užitke, biljojed kreker može biti vaše tajno oružje u kuhinji.

Hvala vam što ste nam dopustili da budemo dio vaše kulinarske avanture. Dok nastavljate s inovacijama i uživate u ovim inovativnim receptima za krekere, neka vaša kuhinja bude ispunjena divnim mirisima i obećanjima bezbrojnih ukusnih trenutaka. Sretno kuhanje, i evo za beskrajnu kreativnost koju biljojed krekeri mogu unijeti u vaš kulinarski svijet.

www.ingramcontent.com/pod-product-compliance
Lightning Source LLC
Chambersburg PA
CBHW071322110526
44591CB00010B/986